BLANGY-SUR-BRESLE.

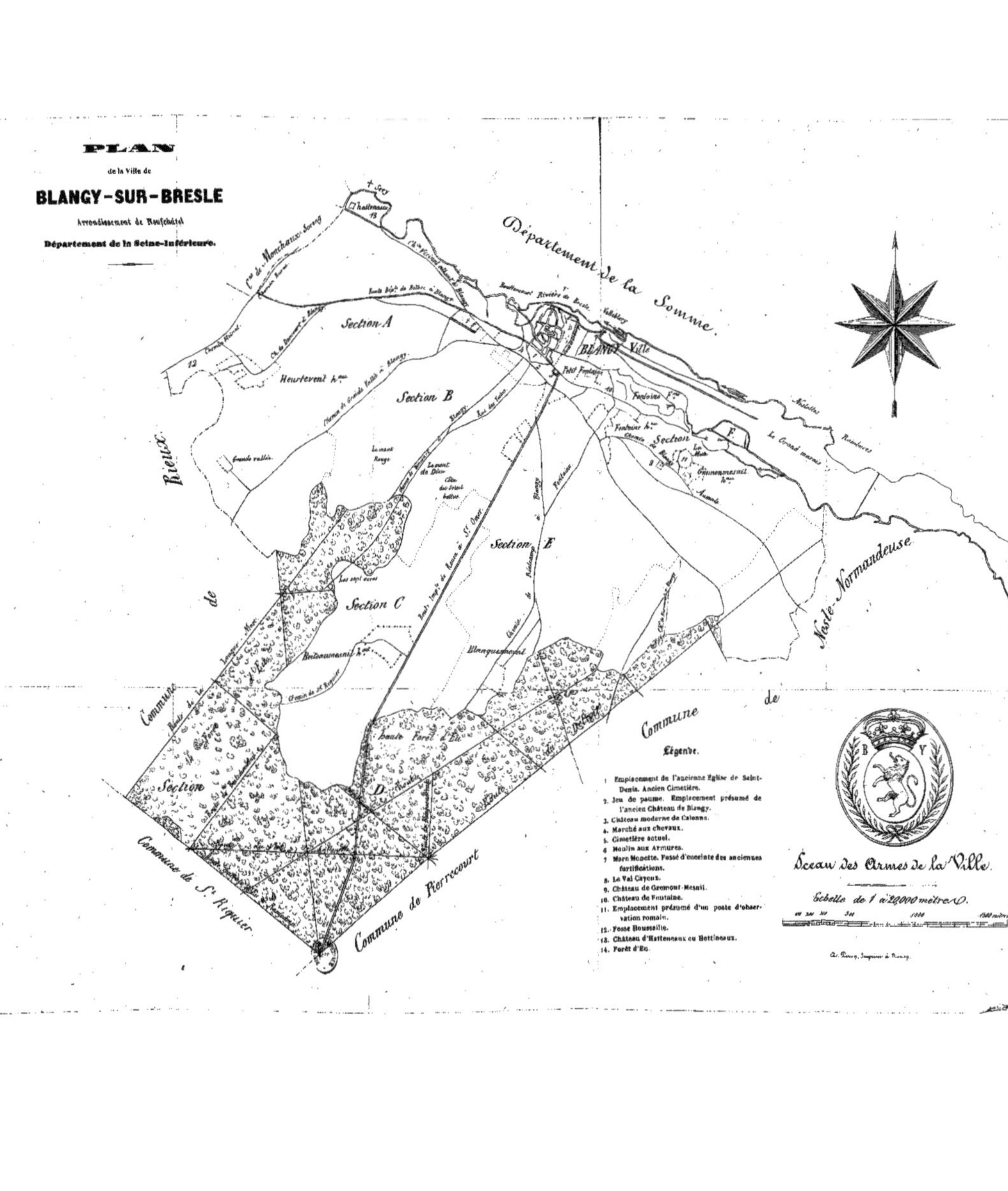
PLAN
de la Ville de
BLANGY-SUR-BRESLE
Arrondissement de Neufchâtel
Département de la Seine-Inférieure.
Département de la Somme.
Section A
Section B
Section C
Section D
Section E
Section
Heurtevent h.au
Blangy Ville
Rieux
Commune de
Commune de St Riquier
Commune de Pierrecourt
Commune de
Neste-Normandeuse
Haute Forêt d'Eu
Blanquemesnil
Le Grand marais
Légende.
1 Emplacement de l'ancienne Église de Saint-Denis. Ancien Cimetière.
2. Jeu de paume. Emplacement présumé de l'ancien Château de Blangy.
3. Château moderne de Calonne.
4. Marché aux chevaux.
5. Cimetière actuel.
6 Moulin aux Armures.
7 Mare Monette. Fossé d'enceinte des anciennes fortifications.
8. Le Val Cayeux.
9. Château de Gremont-Mesnil.
10. Château de Fontaine.
11. Emplacement présumé d'un poste d'observation romain.
12. Fosse Boussaille.
13. Château d'Hattenaux ou Bettineaux.
14. Forêt d'Eu.
Sceau des Armes de la Ville.
Échelle de 1 à 20000 mètres.

de la Ville de

BLANGY-SUR-BI

Arrondissement de Neufchât

Département de la Seine-Inf

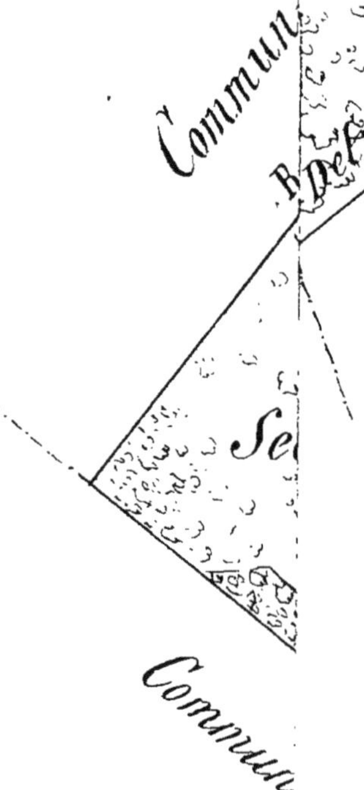

HISTOIRE

DE

LA VILLE DE

BLANGY-SUR-BRESLE

DÉPARTEMENT DE LA SEINE-INFÉRIEURE

PAR

J.-A. DE LÉRUE

Chef de division à la Préfecture de la Seine-Inférieure, Membre
de l'Académie des sciences, belles-lettres et arts de Rouen,
ancien Président de la Société d'Emulation, etc.

ROUEN

A. PÉRON, IMPRIMEUR-ÉDITEUR

Rue de la Vicomté, 55

1860

INTRODUCTION.

Né sur les bords ombragés et charmants de la *Bresle*, dont les eaux baignèrent pour ainsi dire les pieds de mon berceau, j'ai dans mes souvenirs une place choisie pour cette jolie rivière, et je me sens naturellement porté à la décrire, ainsi que son centre topographique et historique : *Blangy*, qu'elle arrose, embellit et féconde, avant de se confondre avec l'Océan.

Ce sentiment de respect et d'affection pour le lieu de ma naissance, est donc le point de départ du modeste ouvrage que j'entreprends.

Je l'écris, d'ailleurs, pour complaire à un ami, qui a provoqué cette étude en me signalant les lacunes, selon lui regrettables, des notices qui ont eu jusqu'ici pour objet notre chère petite patrie.

Je dois dire que, sauf quelques documents statistiques, une description plus précise des lieux, des renseignements sur les mœurs, le caractère, les coutumes, l'industrie des habitants et certaines appréciations philosophiques que mon sujet m'a paru comporter, ce livre n'ajoutera pas beaucoup, aux yeux des savants, à ce qui a déjà été publié, incidemment toutefois, sur la vallée de Bresle, par divers auteurs auxquels je me propose d'emprunter amplement.

Tels sont :

Les ouvrages généraux de *Géographie historique* de Moréri et de Thomas Corneille ;

Les *Notices* de Noël de la Morinière, Licquet, Goube, Guillebert, Guillemeth ;

Les travaux de MM. Lebeuf (*Histoire des comtes d'Eu*), et l'abbé Decorde (*Essai historique et archéologique sur le canton de Blangy*, 1850) ;

L'*Annuaire statistique du département de la Seine-Inférieure*, de MM. Lepasquier et Ballin, 1823, etc.

De sorte qu'on pourra justement appliquer à mon œuvre ces vers épigrammatiques, à l'usage des historiographes de tous les temps :

Au peu d'esprit que le bonhomme avait,
L'esprit d'autrui par complément servait :
Il compilait, compilait, compilait.

N'importe. En accomplissant mon projet, j'aurai exaucé le vœu d'un ami, ce qui est toujours à considérer ; j'aurai satisfait mon penchant pour la vallée hospitalière où, chaque année, dans une trop courte excursion, je reçois un affectueux accueil, ce qui sera une marque de ma reconnaissance, et j'aurai même, si j'ose l'espérer, en groupant des faits et des réflexions d'une façon méthodique, composé une monographie d'une lecture facile qui aura, plus que des documents épars, la chance de se fixer dans la mémoire de mes compatriotes.

LA BRESLE.

La Bresle. — Description géographique. — Produits. — Irrigations. — Moteur industriel. — Affluent. — Origines de la dénomination du cours d'eau. — Paysage historique.

La rivière de *Bresle*, qui n'est flottable que dans la dernière partie de son cours, vers *le Tréport*, prend sa source un peu au-dessous de Blargies et de Launoy-Cuillére (Oise), à 8 kilomètres environ au-dessus d'Aumale.

Elle traverse les territoires de Haudricourt, d'Aumale (siége de l'ancien duché de ce nom, à présent chef-lieu de canton de l'arrondissement de Neufchâtel), de Sainte-Marguerite, d'Ellecourt, de Vieux-Rouen, de Hodeng-au-Bosc, de Nesle-Normandeuse; arrive, par les prairies du hameau de Fontaine, à Blangy, qu'elle traverse, divisée en trois bras ou canaux d'une dimension à peu près égale.

L'un de ces canaux naturels formait autrefois la ligne séparative des paroisses de Saint-Denis et de Notre-Dame.

L'autre passe au-delà de l'église, sous la Halle, et coupe, en deux parties à peu près égales, l'ensemble de l'agglomération urbaine.

Le troisième coule à cinquante mètres de là vers le nord ; il sert de limite légale au territoire de la commune actuelle, relativement au territoire de Bouttencourt, ainsi qu'aux départements de la Seine-Inférieure et de la Somme, comme il séparait autrefois les provinces de Normandie et de Picardie.

Un quatrième lit se remarque à vingt-cinq mètres au-dessus, au territoire de Bouttencourt ; mais il ne se remplit guère qu'à l'époque des crues et ne contient ordinairement qu'un mince filet d'eau coulant modestement sous un pont en pierre, élevé de plusieurs mètres et solidement établi au lieu dit *la Mare-Monette ;* ce qui montre que le ruisseau acquiert parfois l'abondance et la puissance destructive du torrent. En effet, une pierre scellée dans un mur, à cet endroit, constate que les eaux de la Bresle se sont gonflées à près de deux mètres de hauteur, le 22 janvier 1757, et ont entraîné plusieurs maisons du faubourg (1).

(1) Ce bassin de la Mare-Monette paraît n'être autre chose que l'emplacement des anciens fossés de la ville.

Ces cours d'eau traversent parallèlement Blangy, semblables à des flèches lancées de l'est à l'ouest, qui, avant même d'avoir quitté son territoire, se brisent, dévient, se contournent selon les besoins de l'industrie, pour aller, tantôt unies, tantôt séparées, poursuivre leur cours dans la vallée.

C'est alors que la rivière longe ou baigne les territoires de Bouttencourt (Somme), Hatteneaux (1), hameau dépendant de Blangy, Montchaux-Soreng (Seine-Inférieure), Gamaches, Beauchamp, Bouvaincourt, Oust-Marest (Somme), Longroy, Incheville, Ponts-et-Marais (Seine-Inférieure).

Rassemblant, enfin, tout son volume en traversant la ville d'Eu, elle entre, par une courbe gracieuse, dans le canal d'Eu au Tréport, creusé en 1837 (2) pour la navigation de la mer au château d'Eu, et va se perdre

(1) On prononce et on écrit aujourd'hui *Hottineaux*. D'anciens titres écrivaient *Le Tinault*. De : *aller au Tinault*, a dû provenir, par une corruption assez fréquente en pareil cas, la dénomination actuelle. Ce village existait dès le XIIe siècle.

(2) Sous le nom de *Canal Penthièvre*. Il servait principalement à alimenter, à l'aide de barques ou sloops de 50 à 80 tonneaux, les minoteries et la scierie mécanique de la Compagnie anglaise Packam qui s'était établie à Eu, par les encouragements et, dit-on, avec la commandite du roi Louis-Philippe. Ce prince se servait aussi du canal traversant le parc du château, pour ses promenades en mer dans un yacht de plaisance, qui servit aux excursions de la reine d'Angleterre lors de sa visite au roi.

à deux kilomètres de là, dans la retenue du port du Tréport, en mêlant ses eaux douces et paisibles aux vagues turbulentes de l'Océan.

Elle a, pour seul affluent, la *Méline*, qui prend sa source à Marques, parcourt une étendue de 19,669 mètres à travers les communes de Marques, Sainte-Marguerite, Ellecourt, le Vieux-Rouen, Nesle-Normandeuse, fait mouvoir un moulin à blé, et irrigue 65 hectares de prairies.

La Bresle a parcouru ainsi, depuis ses sources jusqu'à son embouchure, 61,108 mètres, c'est-à-dire plus de 61 kilomètres (1), traversé trois départements, les territoires de quatorze communes; fait mouvoir 62 usines, irrigué 648 hectares de prés ou marais, alimenté, en outre, un grand nombre de petites industries sans moteur mécanique, et donné la vie, pour sa part, à une population, tant picarde que normande, de 12,600 âmes.

L'eau de la Bresle, nous l'avons remarqué déjà, est pure et limpide; ses chutes, ses détours sont nombreux; sa marche, précipitée en certains endroits par la déclivité naturelle ou artificielle du terrain, est généralement peu rapide, ce que prouve l'existence de fréquentes oasis de grands roseaux dont elle est tapissée, et qui offrent, avec les hautes banques des rivages, une

(1) Arrosant le duché d'Aumale et huit lieues des terres du comté d'Eu. (Thomas Corneille, *Descrip. géograph.*, 1708).

retraite à d'abondantes tribus d'oiseaux aquatiques, tels que poules d'eau, bécassines, râles, plongeons et canards sauvages.

Elle est en même temps très poissonneuse : on y pêche notamment, et au milieu même de la ville, de belles truites qui ont une réputation d'excellence méritée, de fortes anguilles, des écrevisses d'une grosseur remarquable et d'un goût exquis.

La vallée est, presque partout au Nord, resserrée par de hautes collines boisées; elle s'étend davantage au Sud en des champs cultivés, plantés de vergers, de massifs, de remises (1), et de routières (2) s'élevant graduellement vers d'autres monts que couronne la forêt d'Eu.

Cette disposition de la rivière entraînant constamment vers la mer les miasmes marécageux, l'abri formé par la haute colline contre les vents du Nord, et le large espace laissé au soleil du Midi sous les grandes futaies qui, vers l'Orient, tempèrent les ardeurs de l'été; cette disposition de la contrée, dis-je, assure admirablement l'assainissement de tout le pays que baigne la Bresle.

C'est à cette cause, sans doute, ainsi qu'aux mœurs généralement simples et agrestes des habitants qu'il faut

(1) Bouquets d'arbres conservés au milieu des plaines pour l'agrément de la chasse.

(2) On appelle ainsi, dans le pays de Bray, des lignes d'arbres à fruits, le plus souvent de pommiers, qui bordent les routes et les chemins de chaque côté.

attribuer l'absence d'épidémies, même celle des fièvres paludéennes, l'heureux état de santé des populations et les nombreux exemples d'une longévité, exceptionnelle ailleurs, qu'on y a toujours constatés.

Les marais, les champs de culture, les collines sous bois, offrent des terrains de chasse giboyeux qui se repeuplent facilement.

Des hauteurs amplement boisées qui, au Nord et au Nord-Ouest, font face à Blangy, c'est-à-dire des coteaux de Vatteblery, de Bouillancourt et Ancennes, l'œil embrasse un panorama remarquable par la netteté de ses contours, la diversité de ses accidents.

« De cet agréable coteau, dit Thomas Corneille, dans des notes recueillies par lui sur les lieux (1), en 1706, l'on découvre quantité d'objets qui plaisent à la vue. » Sa description comprend des points que le temps a modifiés ou détruits. Je lui substituerai ces aperçus :

Placé sur le mont du *Beaufoyer*, le spectateur a, en face de lui, Blangy, qu'argentent les trois rubans mobiles de la Bresle, chatoyant au soleil, et qui forme, à cette distance d'un kilomètre, un massif pressé d'habitations couvertes de tuiles et d'ardoises, au sein duquel s'élance, à une hauteur de 40 mètres, la pyramide aiguë de son élégant clocher.

Au-dessus, dans la même direction, et à peu de distance, l'horizon est brusquement barré par une

(1) A l'abbaye de Séry.

grande ligne noire horizontale : ce sont les forêts luxuriantes de Bouillancourt et de Monthières, s'inclinant un peu à droite et à gauche, et décrivant ainsi un large accent circonflexe.

La route impériale n° 28, de Rouen à Saint-Omer, qui traverse par le milieu notre petite ville, dont elle forme la principale rue, monte ensuite l'escarpement septentrional, en louvoyant, comme un voyageur fatigué, et va se perdre dans les profondeurs de la forêt.

Cette même route débouche, à l'opposé de la vallée, d'une des parties les plus belles de la forêt d'Eu. Elle est constamment animée par une circulation qui témoigne du bien-être et de l'activité des populations environnantes : ce sont de lourdes charrettes de roulage, des chariots de ferme qui vont aux centres de consommation (d'un côté, Abbeville, Amiens; de l'autre, Neufchâtel, Rouen), aux marchés, ou qui en reviennent; des diligences multicolores, qui font un double service quotidien de Neufchâtel à Blangy et à Abbeville, où un embranchement de chemin de fer, établi en 1850, conduit à Amiens; des voitures de toute sorte : berlines, demi-fortunes, chars à bancs, cabriolets et tapissières appartenant aux maîtres des châteaux voisins, enfin, grand nombre de chevaux de labour, de bestiaux et de piétons.

A droite, tout près de la route, se dresse la côte du *Soleil-Battu*, demi-cercle concave presque à pic, que bat et brûle, en effet, le soleil, et où l'on cultivait autrefois la vigne (1). Sous cette roche calcaire, inculte, le petit hameau de Boitcaumesnil se montre, enfoui comme un nid dans les feuillages des pommiers tors; plus loin, à l'Est, la *Motte*, élévation aujourd'hui boisée (2), que l'on croit avoir servi d'emplacement à un poste de guerre romain; le château et les beaux herbages de Grémontmesnil, le petit château de Fontaine, élégant édifice du XVIe siècle, baignant le pied de ses tourelles dans la Bresle. A l'entrée de Blangy même, le château moderne de Calonne, où est mort dernièrement, à quatre-vingt-seize ans, l'un des derniers comman-deurs de l'ordre de Malte; en franchissant la vallée, à mi-côte, les restes de la chapelle de Saint-Lambert, lieu de pèlerinage renommé, sentinelle avancée de l'antique manoir des *Rambures* (3), ce Louvre de la Picardie.

A gauche de notre poste d'observation, le Beaufoyer, est *Grande-Vallée*, petite colonie agricole où les membres d'une seule famille se vouent à la grande culture;

Heurtevent, hameau de trente maisons couvertes en chaume, groupées à l'abri des hêtres d'une décou-

(1) Voir ci-après aux *Mœurs et Coutumes*.

(2) Cette élévation couvre, dit-on, des restes de caves, qui furent converties en arsenal durant les troubles du XVIIe siècle. La Motte dépendait encore à cette époque du fief seigneurial de *Fontaine*. C'est aujourd'hui une garenne.

(3) Possédé aujourd'hui par M. le marquis de Fontenille, qui entretient cette ancienne demeure seigneuriale avec beaucoup de goût et de soin.

pure de la forêt, et où le vent du Nord se *heurte* contre les cimes protectrices ;

Au-delà, la nouvelle et belle route départementale n° 32, de Blangy à Bolbec, qui coupe la campagne en sinuosités régulières ;

Le *Mont-de-Rieux*, dont la tête arrondie et plantée de buissons giboyeux, cache en partie le château, l'église et la commune de Rieux, tandis qu'à sa base méridionale s'ouvre un précipice effrayant, de 50 mètres de profondeur, de 300 mètres au moins de circonférence, nommée la *Fosse-Houssaille ;*

Plus haut, à l'Ouest, les ruines blanches du castel de Montchaux, siége de luttes héroïques ;

Sur la Bresle, *Hattenaux*, qui portait, il y a quarante ans, son bruyant moulin à fouler les draps ;

Et *Sery*, avec ses filatures et sa chapelle paroissiale de Saint-Etienne, qu'un joli clocher surmonte.

Dans le prolongement du regard sur la côte picarde, le château d'*Ancennes* ou de Monthières, à demi-voilé par son vêtement de hautes futaies qu'il laisse croître, comme à dessein, lui picard, par jalousie contre la beauté de la Bresle normande ;

Dans les demi-teintes de l'horizon bleuâtre, au fond de la vallée, Ancennes avec Montchaux, deux communes jumelles, que la Bresle a longtemps séparées et qu'un pont vient de relier ;

Gamaches, avec sa tour gothique, son clocher élancé, où sonna le tocsin des luttes de la Fronde ;

Plus loin, enfin, une longue bande frémissante de prairies, d'oasis vertes où les troupeaux et les vaches pullulent, où l'industrie commence à s'établir, et à l'extrémité de laquelle se laisse, sinon apercevoir, du moins deviner l'Océan, aux senteurs pénétrantes de l'air.....

C'est là, en vérité, un des plus beaux spectacles que j'aie vus et que mon souvenir se plaise à reconstruire.

Les indigènes, tant on se blase facilement sur les magnificences de chaque jour, n'en apprécient guère les harmonies ; mais, à leur insu, ils en ressentent profondément l'influence; et quoiqu'il soit peut-être un peu ambitieux d'appliquer à ce coin ignoré des paysagistes l'enthousiaste interjection italienne : *Veder Napoli è piu morir!* cependant, je n'hésite pas à dire que, s'il était possible de transporter tout-à-coup la vallée de la Bresle aux abords d'une grande cité ou sur le passage d'un chemin de fer, les touristes n'auraient pas, pour elle, assez de points d'exclamation.

La Bresle, âme de ce riant paysage, a reçu plusieurs noms que les étymologistes se sont plu, comme il arrive parfois, à embrouiller en les décomposant.

Certains historiens la nomment indifféremment Bresle ou Bressèle, ce qui est pourtant assez différent ; on l'a appelée : ***Brisela*** ou ***Brisula***, voulant ainsi, par une appellation de basse latinité, signifier qu'elle brise la Normandie et la Picardie. D'autres (1) ont cru y recon-

(1) Moreri, *Dictionnaire historique*. Mathey, page 160.

naître la rivière que les anciens nommaient *Phrudis*, je ne sais pourquoi, ni eux non plus. Il en est qui, lui assignant une étymologie celtique, font dériver son nom de breiz (tache) et de breizel (truite), c'est-à-dire rivière aux truites (1), observation du moins assez ingénieuse. On a constaté que plus tard, selon l'usage des Gaulois qui substituaient des noms tirés de leur langue aux noms celtiques des lieux qu'ils habitaient, la Bresle reçut les noms d'Ou, Au, Auc, enfin d'*Eu*, qui, en langue teutonique, signifie *prairie*. Seuls dans la vallée, la ville d'Eu, les communes d'Oust et d'Ault ont gardé ce nom. La rivière a reconquis son ancienne dénomination, que, pour ma part, et sans tirer à conséquence scientifique, je serais assez porté à rattacher à sa configuration même, c'est-à-dire aux nombreux détours qu'elle décrit dans sa route, en se *brisant* d'ailleurs fréquemment par l'effet de ses chutes naturelles.

Mais qu'elle soit *breiz'l* ou *brisula*, le doute semble, ici, de peu d'importance.

(1) L'abbé Decorde, *Essai historique*, *canton de Blangy*.

BLANGY.

LA VILLE.

I

Etat ancien.

Origines. — Blangy, place forte, avec bailli, tabellions, maire et échevins (1227). — Droits et redevances seigneuriaux. — Charte de Charles-le-Chauve. — Jean de Blangy et autres illustrations.— Assauts reçus et luttes soutenues depuis le XIIe siècle. — Le Moulin aux armures. — Reddition du château de Montchaux. — Mort de Charles d'Artois (1471). — Don des reliques de sainte Marguerite. — Louis XI et Charles le Téméraire. — L'hérésie de Luther; la famille Duquesne. — Incendies, peste, inondations. — Origine des droits d'usage. — Séjour de Henri IV à Blangy (1592). — Fondation de l'hôpital en 1685. — Anciennes églises. — Passage du Roi Louis-Philippe. — Les châteaux de Fontaine et de Hattencaux.

Topographiquement, comme sous d'autres rapports, Blangy s'est amoindri. Il a eu le sort et a suivi la fortune de ces anciennes familles nobles qui, splendides sous les fils de Charlemagne, puissantes encore jusqu'à Charles V, épuisées ensuite par les Croisades, ont fini par laisser, dans les luttes féodales intérieures, dans les guerres patriotiques contre le Bourguignon et l'Anglais, dans les séditions de la huguenoterie, les plus courageux de leurs enfants et le plus clair de leur fortune, sans compter l'impôt de sang et de confiscation prélevé à larges mains sur leurs débris par la révolution de 1793 ; de telle sorte qu'il ne leur reste aujourd'hui (je parle des purs et des fidèles) qu'un beau nom inscrit sur un vieux livre qu'on ne lit plus, et qu'un fier souvenir qui fait encore, malgré tout, respecter leur misère.

Comme ces nobles de vieille souche, qu'on ne peut méconnaître à leur physionomie, à leurs sentiments et à leurs efforts pour se suffire à eux-mêmes, Blangy n'a guère conservé de son ancien état que son titre de ville et son blason :

(Voir plus loin, article *Armorial*).

Mais, avant de peindre sa physionomie, ses mœurs, sa situation actuelle, tableau qui peut procurer à la conscience de l'historiographe la satisfaction de livrer ses appréciations au contrôle de tous, il convient de se représenter l'état ancien de cette ville, tel que nous le montrent par lambeaux, souvent mal reliés entr'eux, les historiens qui ont écrit sur le comté d'Eu, quelques chartes échappées aux mille causes de destruction des siècles, et la tradition locale, parfois nuageuse, mais dont le fond n'est jamais à dédaigner par l'archéologie.

N'est-ce pas, en effet, principalement avec les souvenirs des hommes qu'on écrit l'histoire, comme c'est avec leurs passions qu'elle a été faite ?

Blangy était anciennement une place forte, avec murailles solides, tourelles, portes, fossés d'enceinte profonds. Situé dans la partie la plus productive du comté d'Eu, au centre des possessions des principaux vassaux de ce comté exposé aux déprédations des seigneurs de la Picardie et du Ponthieu, il lui fallait, en effet, se tenir constamment armé pour la protection de ses biens, des deux monastères, des cinq églises et chapelles, et des hôpitaux et maladreries placés dans la circonscription de ce beau domaine féodal.

Un lieutenant du comté, un bailli, y résidait et rendait la justice en son nom, mais plus d'une fois ce fonctionnaire dut abandonner le prétoire pour revêtir sa cotte de mailles et courir à la défense des murailles attaquées.

Le comté d'Eu avait trois de ces siéges de justice : Eu, Blangy et Foucarmont. Ces postes étaient vulgairement appelés *sergenteries*, et leurs titulaires : *sergents*.

Blangy était aussi le siége d'un tabellionage, dont le droit appartenait également aux comtes d'Eu qui commettaient à la garde de sceau *telles personnes qu'ils advisoient bien estre*.

L'auditoire de justice se trouvait auprès de l'église,

du costé des halles, et le bailli s'y rendait chaque mois pour présider les plaids (1).

Comme la plupart des grandes villes closes, Blangy avait un maire *(mayeur)* et des échevins dès l'année 1227.

Les comtes d'Eu avaient, à Blangy, *un moulin à bled et un à gru desquels estoient banniers, à raison du seizième boisseau*, les habitants de Blangy, Saint-Denis, Boîteaumesnil et *ès enverons;* ils étaient tenus *d'y faire moudre tous leurs grains, tant pour leur nourriture, boissons, que pour leurs bestiaux, à peine de forfaiture et de confiscation.* Indépendamment de ces droits, les seigneurs d'Eu donnaient aussi à ferme, de six en six ans, les produits du *hallage*, *mesurage*, *poids et balances*, *revendage*, *franche taverne*, etc.

En 1658, Blangy possédait non seulement les deux moulins qui viennent d'être cités, mais encore un moulin à huile et un moulin à tau sur lequel on payait au comte d'Eu une rente de *soixante sols et un chapon.* Il y avait aussi une rente sur le *moulin aux armures* (2).

L'enceinte de la ville était en briques avec trois portes désignées sous les noms de Porte-de-Rouen (près de l'endroit où s'élève actuellement, au sud, le château de Calonne); Porte-d'Amiens (au-dessus du faubourg de Bouttencourt, là où notre plan figure le fossé

(1) Déclarations du comté d'Eu, 2, 9, 11.

(2) Déclarations du comté d'Eu, 11, 12, 66, 67. – Voir plus loin une explication sur ce nom.

de la Mare-Monette); et Porte-de-Dieppe ou Cauchoise (séparant à l'ouest la rue et le faubourg Saint-Denis du Marché aux chevaux). Ces portes étaient accompagnées de chaque côté par deux tourelles dont le toit, élevé et pointu, produisait un effet pittoresque.

Du côté de l'est, la défense était suffisamment assurée par le château de Fontaine auquel a succédé, au XVIe siècle, le bâtiment seigneurial actuel, et qui dut être à cette époque le siége du commandement de la cité.

Les deux premières portes n'existent plus depuis le siècle dernier. La dernière a été démolie en 1849 : il n'en restait plus alors que les pieds-droits, avec un vestige d'arceau suspendu depuis trente ans, grâce à l'appui de la maison voisine, celle d'un nommé Ternisien (le père Paton), ancien garde de cette porte de ville, bonhomme que j'ai beaucoup connu, et qui est mort coiffé du bonnet rouge caractéristique à l'âge de plus de quatre-vingt-dix ans.

En 1695, une partie des remparts menaçait ruine du côté de la Porte-d'Amiens. Le 18 février, le Conseil de ville en ordonna et dut faire accomplir sur-le-champ la démolition, qui s'étendit successivement à tous les autres points de l'enceinte, et les habitants des faubourgs en utilisèrent les matériaux à la reconstruction de leurs logis et pour la clôture de leurs héritages.

Mais Blangy, comme lieu politique et historique, avait une existence bien plus ancienne que celle de ces fortifications.

Les monticules qui existent à l'est, au lieu dit *La Motte*, et dans le petit bois du détroit vers Pierrecourt, dominant la ville et la vallée, indiquent, par la nature de leurs matériaux et leur situation, l'emplacement de ces postes d'observation militaire destinés à surveiller le voisinage, et que les Romains avaient établis sous le nom de *statera*.

Une charte de Charles-le-Chauve (1), datant de 843 ou 845, mentionne Blangy comme faisant partie des nombreuses paroisses qui relevaient de l'abbaye royale de Saint-Denis : c'est depuis cette année que Blangy paraît avoir reçu le titre et joui des priviléges de ville.

La charte de fondation de l'abbaye d'Eu nous apprend que Blangy avait des *écoles* dès le commencement du XIIe siècle. Ces écoles furent données à l'abbaye d'Eu, ainsi que les églises de Blangy, avec le patronage de Fontaine, Boistel-Mesnil, etc.

Richard Boistel et Hilduin de Blangy avaient, au siècle précédent, fait abandon de leurs dîmes à l'abbaye de Tréport (2).

Le diocèse de Rouen, formant 6 archidiaconnés, 30 doyennés, 1,362 paroisses et 265 chapelles, avait dans l'archidiaconné d'Eu six doyennés : Longueville, Eu,

(1) Noël, *Essai sur la Seine-Inférieure*, 63.

(2) *La Ville d'Eu*, 36, 50, 51, 80. — *Bibliothèque de l'École des Chartes*, t. XVII, p. 27.

Neufchâtel, Foucarmont, Envermeu et Aumale. Parmi les archidiacres du Vexin-Normand, qui comprenait *Gamaches*, *Bray*, etc., figure, en 1330, Jean de Blangy, né vers 1272 et nommé évêque d'Auxerre en 1338. C'était un docteur célèbre de l'Université de Paris et un grand théologien. Il fut du nombre des personnages choisis par le Roi, le Clergé et l'Université, pour examiner la question de la *Vision béatifique*, occasionnée par le pape Jean XXII, et pour mettre fin au grand schisme qui affligea l'Eglise pendant plus de cinquante ans. Il mourut en 1344 (1).

On trouve aussi un Thomas de Blangy parmi les abbés du monastère d'Eu, nommé le 4 juin 1262 par Eude Rigaud, archevêque de Rouen (2).

Blangy fut attaqué, en 1188, par Philippe de Dreux, évêque de Beauvais et cousin du roi de France. Ce prélat, oubliant qu'il était ministre du Dieu de paix, ou plutôt se laissant entraîner par l'esprit de violence et de domination féodale qui semblait s'être emparé alors de plusieurs grands seigneurs du royaume, surprit Blangy, et, l'on ne sait pour quel grief, fit massacrer ses habitants dont il confisqua les dépouilles (3).

En 1189, Jean de Ponthieu était entré en Normandie à

(1) *Histoire de Rouen.* Farin, t. II, p. 108; l'abbé J.-E. Decorde, *Essai sur le canton de Blangy*.

(2) *Regestrum visitationum*, p. 433.

(3) Guilmeth, *Arrondissement de Neufchâtel*, 51-73.

la tête d'une armée, et s'était emparé de plusieurs places de cette province. Vers la fin de la même année, Richard Cœur-de-Lion résolut de reprendre ces places, et ses troupes, après avoir assiégé Blangy, l'emportèrent d'assaut et le brûlèrent entièrement (1).

C'est à cette époque que la tradition place le souvenir d'un combat héroïque dont il reste encore une trace dans la vallée. La défense de Blangy, que commandait un lieutenant du comte, Jean d'Ault, homme de guerre habile et énergique, avait été longue et tenace. Une poignée de braves gens qui seuls tenaient encore, au moment de l'assaut, s'étaient trouvés rejetés, par des forces nombreuses, dans les prairies de la vallée. Ils s'étaient retranchés sur un îlot de la Bresle, où les assaillants ne pouvaient avoir accès qu'en traversant le cours d'eau, ou par une étroite langue de terre sur laquelle existait un moulin. C'est derrière ce faible rempart qu'ils combattirent un contre cent, à l'aide de flèches et de munitions improvisées; et de telle sorte qu'à la fin du jour, les abords du moulin et la rivière elle-même se trouvèrent encombrés par les corps des envahisseurs, à ce point que le cours d'eau était tout rempli d'armures de chevaliers et d'hommes de guerre. A la faveur de la nuit, le brave Jean d'Ault, et ce qui restait de sa petite troupe, purent se mettre momentanément à l'abri dans le château de Montchaux, qui tint encore pen-

(1) Guilmeth, *Arrondissement de Neufchâtel*, 51-73.

dant quelque temps contre les armes de Richard. C'est de cette journée sanglante, dit-on, que le moulin banal du faubourg où le combat s'était livré, prit le nom de *Moulin aux armures*, resté au moulin à tan qui existe aujourd'hui sur le même emplacement.

A l'époque dont il s'agit, à en juger même encore aujourd'hui par les débris qu'on retrouve fréquemment dans la terre, la ville, ou plutôt son faubourg de Saint-Denis s'étendait à une assez grande distance dans la campagne à l'Ouest, jusqu'auprès de ce moulin banal.

Les guerres et l'incendie n'ont laissé qu'un prolongement de rue de cet ancien et vaste faubourg, au-dessus du marché aux chevaux, et une ancienne rue qui a été en partie détruite dernièrement pour l'établissement de la route départementale. A la bifurcation de ces deux rues, au point actuel d'intersection de la nouvelle route avec l'ancienne, marqué par un Calvaire moderne, il existait encore, au XVe siècle, une église et un cimetière dont on a récemment retrouvé les traces palpables. Les auteurs n'ont pas indiqué le vocable sous lequel cette église avait été érigée ; seulement, la tradition l'attribue à saint Ouen (1) ou à saint Laurent, patron des tanneurs. Le fait est que, dès le XIe siècle, la tannerie était si florissante à Blangy que cette industrie avait dû refluer vers les faubourgs, probablement sur les bords de cette

(1) Il existe encore une rue Saint-Ouen, qui va de l'ancienne paroisse Saint-Denis à l'endroit où devait se trouver cette église.

partie de la Bresle qui baigne aujourd'hui les prés s'étendant à l'Ouest. C'était là, selon toute apparence, et non loin de la troisième église de Blangy, que le nouveau quartier s'était formé.

Dans ce temps de guerres continuelles, remarque avec justesse M. l'abbé Decorde (1), le pays était à peine sorti d'un malheur, qu'il tombait dans un autre. Des attaques et des alertes imprévues venaient, à chaque instant, faire disparaître l'ombre de calme qui succédait à la tempête; et quand les vainqueurs avaient pillé les richesses et brûlé les moissons, ils s'éloignaient pour quelque temps, ne laissant derrière eux que misère et désolation.

C'est ainsi qu'en 1414, le seigneur de Saveuse et quelques chefs bourguignons vinrent encore une fois ruiner Blangy, qui, au rapport de Monstrelet, « étoit une ville remplie de tous biens. Ils la saccagèrent et s'en retournèrent en emportant de riches dépouilles. »

En effet, à cette époque, grâce à l'honorable énergie des habitants qui n'avaient qu'une occupation, celle de se relever de leur ruine en améliorant et en étendant leur industrie, le commerce était redevenu florissant à Blangy; sa draperie, surtout, était en grand renom dans la contrée, d'où il se faisait de nombreuses expéditions pour les foires de Paris et pour la haute Picardie (2).

(1) *Essai historique sur le cant. de Blangy.*

(2) *La Ville d'Eu*, 183, 188, 196. Aveu de 1476 (*V.* plus loin).

Vers le même temps (1431), un seigneur *de Fontaine,* capitaine de Blangy, qui, jusque-là, s'était fait redouter des Anglais par le succès de ses entreprises contre les envahissements de l'ennemi dans la province, était à guerroyer dans le Beauvoisis lorsque le château de Montchaux fut repris contre le gouverneur anglais Brunelai, lequel venait d'être mis à mort avec sa garnison par quelques prisonniers français détenus dans ce fort. Fontaine, l'illustre Blangeois, vint l'occuper pour ceux-ci, qui avaient et devaient avoir la plus grande confiance en sa fidélité. Mais il paraît que les caractères les plus nobles sont quelquefois sujets à déchoir. A peine investi du commandement de la place, Fontaine ternit son blason en la livrant à l'ennemi, avec ses soldats : trahison insigne que rien n'a pu expliquer. Montchaux fut immédiatement démantelé, et ce boulevard avancé de Blangy, qui avait été deux fois si fatal à l'ennemi, devint alors la ruine dont on voit encore aujourd'hui les restes remarquables. C'était une forteresse solide, à murailles crénelées, avec une poterne avancée et de vastes souterrains s'étendant jusqu'à la Bresle. Il semble que le temps ait voulu, après cinq cents ans, respecter ces débris pour transmettre à la postérité le souvenir de la duplicité humaine.

Il paraît, toutefois, que la chapelle du château avait été conservée, puisqu'on voit, dans l'*Hist. des Comtes d'Eu* (1),

(1) Page 102.

que les seigneurs d'Eu nommaient encore à cette chapelle en 1658 (1).

A présent, le monticule qui portait la forteresse est en partie un beau verger où l'on recueille d'excellents fruits à cidre, et où j'ai bien des fois, enfant, cherché la solitude à l'issue de la classe que nous faisait le vénérable curé du village.

Cette destruction du château de Montchaux fut encore, comme on devait s'y attendre, la cause d'une occupation de Blangy par les troupes bourguignonnes.

Le 17 juillet 1471, mourut à Blangy Charles d'Artois, seizième comte d'Eu, à l'âge de soixante-dix-huit ans. Son corps, transporté à Eu, fut inhumé dans l'église Notre-Dame. Son tombeau est placé dans la crypte ou chapelle souterraine. On sait que Charles d'Artois avait été fait prisonnier par les Anglais à la bataille d'Azincourt, où il avait accompli des prodiges de valeur et où il ne put être pris « qu'à l'assaut de quantité de cadavres que sa terrible masse d'armes avait amoncelés. »

Rendu à la liberté en 1438, il n'eut rien de plus pressé que d'assiéger et de reprendre aux Anglais, « avec des compagnies de volontaires formées d'hommes braves de son domaine d'Eu, » différentes places du pays de Caux. Il avait le plus grand empire sur ses troupes : à Pontoise, après un combat sanglant et dont le succès

(1) L'auteur n'aurait-il pas fait confusion avec la chapelle de la *Maladrerie* de Montchaux, qui existait alors dans cette paroisse sur la colline s'étendant vers Soreng-Épinay ?

fut longtemps disputé, il eut le bonheur de faire épargner les biens et les personnes des religieuses de Sainte-Honorine qui étaient en grande vénération. Par reconnaissance, le prieur de Conflans lui offrit deux reliquaires, dont l'un, contenant une partie du chef de sainte Marguerite, fut donné par lui à l'église Notre-Dame de Blangy (1).

Se fondant sur une tradition qui voit, dans le *Jeu de paume* (terrain situé au Sud, près du lieu qu'occupait l'église de Saint-Denis), l'emplacement de l'ancien château de Blangy, M. l'abbé Decorde (2) pense que c'est là qu'est mort l'illustre comte, l'un des plus nobles et des meilleurs chevaliers de son temps.

En 1472, à la suite des démêlés qui existèrent entre Louis XI et le comte de Charolais, duc de Bourgogne, Blangy fut de nouveau brûlé et ravagé par ce dernier, qui n'épargna pas davantage Airaines, Oisemont, Rambures, Gamaches, Neufchâtel, Longueville, etc.

Bientôt, à ces nouveaux désastres vinrent se joindre ceux qu'occasionnèrent par toute la Normandie l'hérésie de Luther. Ils étendirent leurs conséquences matérielles et même religieuses jusque dans la vallée de la Bresle. A l'époque de la Saint-Barthélemy, il y avait à Blangy une famille de protestants dont le nom devait devenir

(1) Donation par Jean de Conflans, comte d'Artois, du 19 septembre 1441.

(2) *Essai sur le canton de Blangy*, 1850.

historique ; c'était celle de Duquesne. Abraham, père du célèbre amiral, naquit à Blangy. Fils d'un tailleur, il y exerça quelque temps cette profession, puis quitta le pays pour étudier à Dieppe l'hydrographie. Devenu pilote, il passa dans la marine suédoise, et, plus tard, obtint en France le grade de capitaine de vaisseau. C'est en cette qualité que le cardinal de Richelieu l'avait choisi pour enlever La Rochelle aux calvinistes. Mais Duquesne ne voulut point combattre ses coréligionnaires et préféra servir contre les Espagnols ; ce qu'il fit avec distinction. Il mourut à Dunkerque en 1635 (1).

Abraham Duquesne, son fils, né à Dieppe en 1610, était déjà un marin distingué, un explorateur de commerce habile, lorsqu'en 1638, il fut nommé capitaine de vaisseau dans la marine royale, alors à un haut point de développement. C'est de cette époque que date sa renommée qui ne devait que grandir. En 1650, il arma plusieurs vaisseaux de guerre à ses frais, et ferma l'entrée de la Gironde à une escadre espagnole, venue pour soutenir l'insurrection des Bordelais. En se rendant à cette destination, il eut l'occasion de livrer combat à une escadre anglaise qu'il mit en fuite. Ce double succès lui valut le grade de chef d'escadre et la possession de l'île et du château d'Indret près de Nantes, dont Anne d'Autriche lui fit don. On sait comment Duquesne se couvrit de gloire dans la guerre contre la Hollande où

(1) *Mémoires biographiques*, Guillebert, 307, 372.

2.

il vainquit le fameux Ruyter. Louis XIV, en récompense, lui donna la terre de Bouchet, qu'il érigea en marquisat en sa faveur. Le dernier acte de la glorieuse carrière de Duquesne fut le bombardement de Gènes en 1684. Il mourut à Paris, dans sa famille, le 2 février 1688 (1). La ville de Dieppe montre avec orgueil sa statue.

Blangy peut justement aussi revendiquer une partie de ce glorieux souvenir. Une maison, construite selon toute apparence à la place de celle où est né le père de l'Amiral, se remarque dans la rue Saint-Denis, au coin de la rue du Bamant, où était le patrimoine de cette famille. Un vieillard solitaire, dernier descendant de la branche catholique, l'habite encore ; il porte le même nom. On verrait avec plaisir figurer sur cette maison les noms associés de l'Amiral et de son père, qui, du modeste établi du tailleur, sut s'élever à un rang distingué, et, par l'exemple du patriotisme et de la bravoure militaire, procura à la France l'un de ses héros les plus populaires.

Indépendamment de la peste de 1347 qui enleva, disent les historiens du temps, le tiers de la population dans plusieurs contrées de l'ouest et du nord de la France, Blangy souffrit cruellement d'une autre peste qu'en 1563 des marchands flamands rapportèrent d'Orient par le Havre, et repandirent dans toute l'étendue

(1) *Essai historique, canton de Blangy*, l'abbé Decorde.

du comté d'Eu. Plusieurs villages de cette vallée furent complètement abandonnés. C'était une désolation générale, un dépeuplement auprès duquel les fléaux de la guerre semblaient chose remédiable. C'est de cette époque que paraît dater l'institution des nombreux pèlerinages à Notre-Dame-de-Blangy, qui se sont conservés jusqu'à nos jours (1).

Il convient aussi d'attribuer, *en partie*, à la nécessité du repeuplement des villages, de la reconstitution de l'agriculture et de l'industrie dans ces provinces désolées du comté d'Eu, l'origine des concessions de *droits d'usage* dans la forêt accordés par les seigneurs aux habitants de Blangy, Rieux, Grandcourt, Caule-Sainte-Beuve, Réalcamp, etc.; droits qui consistaient dans la faculté de prendre les bois morts et mort bois (2) pour chauffage, des essences forestières plus précieuses pour le bâtissage et pour l'entretien des maisons, moulins, vannages et métiers, enfin, le pâturage pour les bestiaux : des aveux de 1476, 1519, 1581, 1625 et 1747 en font foi (3).

Je dis que le dépeuplement de 1563 a dû motiver sur certains points la création ou l'extension de ces priviléges; mais d'autres causes ont pu aussi originairement

(1) Voir plus loin, *mœurs et coutumes*.

(2) Saulx, marsaulx, épines, puisnes, seurs, aulnes, genêts, genièvres et ronces (*Charte normande*).

(3) *Archives départementales*. — Voir quelques-uns de ces documents aux pièces justificatives ci-après.

les rendre nécessaires. Il est probable, en effet, que, dans les premiers temps, plusieurs de ces concessions ont eu pour principe l'établissement même, au milieu ou sur les bords des forêts, de populations appelées d'une autre contrée par les possesseurs du sol, pour le défrichement et la mise en culture de la terre. C'est du moins ce qui eut lieu à *Réalcamp*, dont les premiers habitants furent des pionniers et des hommes d'armes tirés de Monchy-sur-Eu et des villages voisins de la mer, chargés de créer, au milieu d'une grande étendue de forêts impraticables et improductives, le *Camp du Roi*, d'où dérive exactement le nom de la commune actuelle.

En ce qui concerne Blangy, on ne serait pas embarrassé pour retrouver encore l'origine des concessions seigneuriales dont il s'agit, dans les pertes que firent subir à cette ville de nombreuses inondations de la Bresle jusqu'à celle du 22 janvier 1757, qui enleva plusieurs maisons du faubourg du nord (1), et dans l'incendie de 1733, qui dévora quatre-vingt-treize maisons et causa la ruine presque totale des habitants.

Je m'étendrai plus longuement sur cet intéressant sujet des droits d'usage dans la suite de cette notice ; épuisons auparavant la série des faits historiques.

Le 9 mars 1592, la ville de Blangy donnait asile à un hôte non moins illustre, non moins populaire que son

(1) Une pierre scellée dans la muraille d'un ancien couvent de Cordeliers à Boutencourt, constate la hauteur considérable à laquelle atteignit cette crue des eaux.

ancien seigneur Charles d'Artois. Seulement, le dernier, moins heureux que son devancier, devait finir violemment sa royale carrière. Les guerres de la Ligue touchaient alors à leur fin ; après avoir repoussé les ducs de Parme et de Mayenne, et les avoir forcés de repasser la Somme, Henri IV s'arrêta à Blangy, d'où il écrivit aux échevins de Rennes pour les informer qu'il allait continuer le siége de Rouen, « résolu d'attaquer cette ville en divers endroits et la battre de quarante canons. »

En 1681, Mlle de Montpensier fonda à Blangy, sur la paroisse Notre-Dame, l'hospice qui existe encore, et où elle plaça quatre sœurs religieuses de la charité (1). En 1695, le Roi réunit à cet hospice les maladreries de Foucarmont et de Grandcourt. Au siècle dernier, l'hospice de Blangy renfermait douze lits pour les malades et une manufacture de dentelles, où étaient occupées trente-trois petites filles, sous la conduite des quatre sœurs de charité, dont l'une tenait l'école pour les filles du pays. Aujourd'hui le nombre des lits est de dix-huit ; les sœurs de saint Vincent de Paul, au nombre de cinq, le desservent toujours comme établissement hospitalier et comme école gratuite. Une d'elles est affectée spécialement à la distribution des secours à domicile, à titre d'auxiliaire du bureau de bienfaisance. Seulement l'ouvroir de dentellerie a disparu ; il est remplacé, pour

(1) Le contrat de donation qui réalise cette institution, est du 18 decembre 1685. (Voir les explications aux pièces justificatives.)

les jeunes filles pauvres, par l'enseignement de la couture et des travaux de lingerie. Le bourg de Foucarmont a droit à deux lits dans cet établissement qui possède 6,900 fr. de revenu.

J'ai dit que, des trois églises qui se partageaient anciennement la population, bien plus nombreuse qu'à présent, de Blangy : Notre-Dame, Saint-Denis et Saint-Ouen ou Saint-Laurent, la première seule avait résisté aux guerres, aux inondations, aux ruines de toute sorte dont l'exposé précédent indique les principales phases.

Cette église, située au centre de la ville actuelle, et qui occupe l'un des côtés d'une place quadrangulaire, a été régulière dans l'origine, c'est-à-dire que, jusqu'à la révolution de 1793, elle était desservie par des religieux vivant en communauté, sous la direction d'un prieur dépendant, comme eux, de l'abbaye des genovéfains d'Eu. Depuis, elle a été administrée par un curé séculier. Elle avait pour succursale l'église de Saint-Denis, détruite en 1810 (1), et des dépendances de laquelle il ne reste plus que le cimetière qui l'entourait, et où l'on a inhumé jusqu'en 1845.

L'église Notre-Dame, dont la construction primitive remonte au XIVe siècle et qui a été en grande partie

(1) La paroisse de Saint-Denis paraît avoir été réunie à celle de Notre-Dame à la fin du XVIIe siècle.— Voir aux pièces justificatives.

réédifiée en 1524 et 1652, puis restaurée en 1744 (1), est un vaisseau à trois nefs qui offre de belles proportions et des parties d'architecture remarquables. Ses ornements intérieurs ne manquent pas de richesse. On y remarque un orgue aux sculptures délicates, un saint sépulcre en pierre du XIVe siècle, à six personnages, deux autels latéraux élégants, dédiés à la Sainte-Vierge et à saint Denis, un beau maître-autel en bois sculpté, et un tableau du Christ en croix, donné en 1846 par le Roi Louis-Philippe. Ce prince était venu, en mai 1831, visiter Blangy, et y passer une revue des gardes nationales de l'arrondissement. Il était accompagné de ses fils, les ducs d'Orléans et de Nemours, du maréchal Soult et des grands officiers de sa maison. L'enthousiasme sincère qui accueillit, en cette circonstance, les descendants des anciens comtes d'Eu et de Penthièvre, au centre même de leur domaine patrimonial, pouvait-il faire prévoir qu'à peu d'années de là, cette famille puissante serait dispersée par toute la terre au vent d'une nouvelle révolution ? Si la raison nationale a des reproches à faire à ses actes politiques, que du moins les habitants de cette vallée se souviennent de ses bienfaits, et adoucissent, dans leur reconnaissance, la douleur de ceux qui ont semé de tombes la triste route de l'exil !...

Achevons cette rapide revue rétrospective par quelques mots sur deux édifices qui, l'un à l'est, l'autre

(1) Voir à la fin du présent chapitre.

à l'ouest, complètent la physionomie historique de Blangy.

Au hameau de Fontaine, on aperçoit, à travers les massifs des hauts arbres, deux élégantes tourelles du XVIe siècle qui accompagnent un logis en briques, à pignons en degrés, servant d'habitation de fermier. Ce sont les restes de l'ancien manoir de Fontaine, dont le nom se rattache à l'évènement dramatique que j'ai raconté.

A l'opposé, vers Montchaux, aussi sur les bords de la Bresle, le château de Hatteneaux, bâti en 1636 par Mlle de Montpensier, sœur du cardinal de Guise, se dresse à côté de l'emplacement où fut l'abbaye de Sery (1). Ses quatre tourelles en encorbellement lui donnent un aspect féodal que ne dépare, à l'horizon, aucune construction moderne. C'était, dit-on, le rendez-vous de chasse préféré des comtes d'Eu.

En 1744, sous l'administration de Messire Jean-Fran-

(1) Ce château était devenu, peu de temps après, la propriété de Charles de Bézie, chevalier, baron de Frenelle, qui, ayant obtenu le 2 mai 1643 l'autorisation archiépiscopale pour y faire bâtir une petite chapelle (attendu que les accès de ce lieu à la paroisse de Blangy se trouvaient tellement marécageux et difficiles, que la famille du seigneur se trouvait empêchée d'accomplir ses devoirs religieux), constitua par contrat devant Galland et Jacq. de Manny, tabellions à Blangy, le 19 mai 1643, 12 l. de rente perpétuelle afin qu'un prêtre habitué du Prieuré-Cure de Notre-Dame pût y venir dire la messe 12 fois l'an. (*Archives départément.*; fonds de l'archevêché de Rouen.)

çois de Bommy, sieur de Bézancourt, la première boîte aux lettres fut établie à Blangy.

L'année suivante, Mgr Saulx-Tavannes, archevêque de Rouen, visitant la vallée de Bresle, menaça d'interdiction l'église Notre-Dame à cause de l'état de délabrement dans lequel elle se trouvait. Sans doute les habitants, pour se soustraire aux effets de cette menace, se disposaient à pourvoir à la dépense nécessaire, lorsque mourut leur curé, messire Marc Antoine Dupuich, prieur et docteur en théologie de la faculté de Paris. Ce vénérable ecclésiastique, nommant pour exécuteur testamentaire le même sieur de Bezancourt, maire, avait légué : pour aider aux réparations du presbytère 100 l.; aux pauvres des deux paroisses 1,428 l. 16 s. 6 d., et pareille somme à chacune des églises de Saint-Denis et de Notre-Dame; stipulant que sa donation en faveur de cette dernière église servirait à la faire réparer, afin d'obvier à l'imminence de l'interdiction (1).

Les volontés du testateur furent mises sans retard à exécution, et sauvèrent ainsi la paroisse Notre-Dame des effets d'une admonestation qui, peut-être, au surplus, comme il arrive encore de nos jours en matière administrative, n'était qu'un moyen vigoureux de stimuler le zèle de la commune dans l'accomplissement de ses devoirs.

(1) Voir aux pièces justificatives les circonstances se rattachant à ces réparations.

II

Droits, Franchises et Priviléges municipaux.

PIÈCES AUTHENTIQUES.

Aveux, sentences, arrêts et titres divers concernant les anciens droits de la ville. – Analyse et commentaire.

Aveu du 12 mai 1476. — Aveu et dénombrement par lequel les maire et échevins, bourgeois, manants et habitants de la ville de Blangy, avouent tenir de M. le duc de Brabant, à cause de sa comté d'Eu, la mairie de ladicte ville et banlieue de Blangy, à cause de laquelle ils ont droit de justice, juridiction, court et usage, pour connoître, juger et desterminer de toutes les causes et matières qui meuvent et peuvent mouvoir entre eux bourgeois jurés, tant en meubles que autres choses touchant et regardant les mestiers de ladicte ville avec autres droitures, franchises et libertés qui en suivent :

Droit de juridiction civile et criminelle pour les cas intérieurs. — Premièrement, nous avons droit de court et usage comme dit est, et si aucun non juré dudit bourgade faisoit adjurer un des jurés d'icelle mairie devant aucun juge, nous en pourions requerir la court et connoissance si ce n'estoit de cas privilégez autre que ci-dessus est déclaré, et s'il advenoit qu'aucun mit la main injurieusement sur le maire de la ville, il devroit avoir le poing coupé, ou si aucun battoit un des échevins d'icelle ville, on luy abattroit sa maison, ou payeroit 10 liv. d'amande à la volonté desdits maire et échevins qui le pourroient modérer si bon leur sembloit.

Droit d'instituer garde aux métiers, de percevoir les taxes à répartir entre la corporation, l'église et la ville. — *Item*, nous maire et échevins, pouvons mettre garde à tous les mestiers d'icelle ville et les sermenter devant lesdits maire et échevins, et les meffaits de ceux qui seront trouvés deffaillants les contraindre d'amandes lesquelles nous compettent et appartiennent; et si avons droit de prendre et avoir droit sur chacun nouveau maistre qui leve son mestier nouvellement en la dicte ville 25 s. tournois de bien venue dont la moitié de ladite somme appartient aux maistres du mestier, et, de l'autre moitié 5 sols à l'église, et le surplus au proffit de ladittc ville et mairie, et semblablement sur chacun nouvel aprentif 5 sols pour les mestiers du maistre dont il est aprentif.

Franchise d'acquit. — *Destruction par le feu des marchandises prohibées.* — *Item*, et s'il advenoit aucunes forfaitures dépendantes des dits mestiers, la connoissance nous en appartient et le pouvons condamner; si ce sont draps, cuirs tannés ou corroyés ou autres telles choses, les pouvons faire ardoir si bon nous semble, si est trouvé que estre ce doive; et sont tenus nos jurez francs d'acquits de vendre et acheter par toute la comté d'Eu, et mesme tous nos serviteurs familiers peuvent acheter draps, toilles et autres marchandises en laditte ville pour leur user, sans aucun acquit.

Droit de revendication de denrées vendues. — *Item*, les dits bourgeois ont accustumé et usagé que ce un non bourgeois ou aucun forain acheptoit grains ou autres denrées advenues au marché pour vendre, les bourgeois y peuvent clamer part s'ils sont au marché, par payant le prix que la marchandise est vendue; ce qu'un non bourgeois ne peut faire.

Arrestation et emprisonnement temporaire, sur clameur de haro. — *Emprisonnement jusqu'à amendement, pour offenses ou opposition contre les officiers de ville.* — *Item*, quant il y a aucun debat à cry de haro, nous maire et echevins ou ceux de la ville pouvons et devons prendre les malfaiteurs et les mettre en nos prisons, et les pouvons et devons tenir une nuit et un jour, puis les livrer aux officiers de notre dit seigneur le Comte, et s'il advenoit que les dits malfaiteurs s'en fussent sans estre repris, nous sommes quittes de les poursuivre et pourchasser jusques au bout de notre banlieue, par certifiant le débat à ceux de Moncheaux, Fontaine et Bouthencourt, villes prochaines dudit lieu de Blangy, touttefois que le cas y écheroit; et si pouvons outre ce mettre et faire mettre en prison tous malfaiteurs qui offenses (offensent) ou contemptnent aucunement contre nous maire et échevins, tant qu'ils ayent amendé devant notre Justice ou à la haute Cour selon l'exigence du cas que le débat meust, ou par bailler pleige sur le cas d'ester à droit ; et s'y sommes sujet trouver prisons audit Blangy pour mettre les malfaiteurs.

Bannissement pour sévices contre les jurés. — Item, si aucun non juré de la dite Mairie battoit ou frappoit aucun des jurés d'icelle ville, il seroit banny de la ditte ville jusques au rappel des susdits maire et échevins au cas que le débat meust pour aucun cas touchant les mestiers ou les affaires et police de la ville.

Exemption de travaux publics. — Droit de pâturage général dans la vallée. — Item, tous les jurés de lad. ville sont francs, quittes et exempts de tous travers de la mer jusques à l'eau de Somme ; et sy avons droit et tous les habitants de lad. ville de pasturages pour nos bêtes depuis Gamaches jusques à Sénarpont ou long des Communes, sauf les prés qui sont deffensables depuis la my mars jusques à la saint Jean, après lequel jour nos dittes bettes peuvent aller partout et y pâturer sans aucun contredit ; et si aucuns étrangers advenoient ou mettoient leurs betes ès dites pastures ou y fauchoient ou syoient herbes, nous ou aucuns de lad. ville les pouvons prendre en forfaiture et adjuger icelles (bêtes) au profit de ladite ville.

Fixation du prix du vin. — *Item*, à nous maire et échevins compette et appartient le droit de affoirer et donner prix au vin et autres brumages de ladite ville à notre avis et conscience ou y pouvons commettre gens ydoines et suffisants à ce faire pour y prendre le droit tel que au cas appartient.

Fourniture des poids et mesures. — *Item*, nous sommes tenus trouver et quand besoin est tous les poids, c'est à savoir : un poids, le demy poids, un quart de poids, 3 £, 2 £, 1 £, 1/2 £, un quarteron, 1/2 quarteron, et ballances, boisseaux et mesures à grains nécessaires audit lieu de Blangy pour notre dit Seigneur à nos propres coust et dépenses, par ainsy que nous et nos bourgeois de la ville nous en pouvons ayder touttes fois que besoin en est, hors le jour de marché, sans rien payer pour cette cause ; et si pouvons, nous et chacun de nous tenir en nos maisons poids et balances jusques au nombre de 13 £ et nous en ayder sans préjudice, sauf la visitation du prevost de notre dit Seigneur.

Droit de retrait et mouture libre des grains du moulin seigneurial, après trois jours. — *Droit de nommer un garde messier.* — *Item*, et si avons droit nous et chacun de nous que quand notre bled a esté au moulin dudit Blangy par trois jours entiers sans estre moulu, nous le pouvons prendre et emporter moudre où il nous plaist sans quelque préjudice ; et sy devons moudre entre deux avenants un bannyer ; et sy avons droit de commettre un messier pour garder les abloys et les prés à l'environ de laditte ville, dont des rapports nous avons la connoissance et pouvons punir les malfaiteurs et les contraindre d'amander selon raison, pour ycelle amande tourner et convertir au proffit de laditte ville.

Droit d'arrestation des manants de Bouttencourt. — *Item*, les bourgeois de Blangy ont droit d'usage et de coutume qu'on ne peut eux, ne leurs serviteurs ne leurs biens arrester aud. lieu de Bouthencourt; et sy peuvent, les dits maire et échevins appeler un homme des manants dudit Bouthencourt pour estre en leur echevinage si bon leur semble.

Juridiction sur Bouttencourt pour la garde des draps. — *Droit de marque des draps fabriqués à Blangy.* — *Item*, les gardes des draperies d'icelle ville peuvent aller à Bouthencourt à leurs poulliers et aux hayes regarder leurs draps et rapporter devers nous les meffaits si aucuns en trouvent, lesquels malfaiteurs nous pouvons punir selon l'exigence du cas ; et avons droit d'avoir fers portants notre marque pour ferre marquer leurs draps bons et loyaux faits et parez en ladittc ville, et commettre gens à ce faire ydoines et suffisants, et si ils y trouvent à dire, ils les peuvent contre marquer ; et semblablement des cuirs tannés et corroyés.

Cérémonial de mariage. — Interdiction de la pêche sauf licence. — Item, quand il (le juré) épouse aucune femme de ladittc ville, le sergent desd. maire et échevins est tenu d'aller audevant de la ditte épousée pour faire place, et en doit avoir 5 deniers tournois ; et ne peut ny ne doit nul pescher autour de la ville sans le congé et licence du Maire et des échevins, auquel cas s'il advenoit nous les pourrons contraindre d'amande.

Obligation d'assurer le libre cours de la rivière et d'entretenir le relais pour l'usage des moulins. — Item, nous sommes tenus d'entretenir le cours de l'eau et le relais de la rivière pour les moulins de notre dit Seigneur, par ainsy que nous pouvons tenir trois jours entiers les eaux pour les affaires dudit relais et de la ville quand le cas y échet, sans rien payer ; et si plus avant les tenons que des dessus dits trois jours, nous sommes tenus payer au fur l'emplage des dits moulins du prix de la ferme à quoi ils sont tenus de notre d. Seigneur ; et ne peut nul toucher ny lever aud. relais sans le congé du maire.

***Fêtes de l'Annonciation** (25 mars), de la mi-août et de **N.-D.** de septembre. Gratification de vin aux gardiens. —*

Item, les Wates de lad. ville ont, à la Notre Dame Marchesque ou bien de Mars un galon de vin, et à la Septembresse un galon de vin pour garder les veilles d'icelles festes, dont le Prieur de l'Eglise en paye les deux parts et l'Eglise la tierce.

Droit d'avoir four libre, moyennant redevance de 35 *s. à l'abbaye de Foucarmont.* — Et si pouvons avoir en laditte ville pour nous et les dits habitants un four à ban s'il nous plaist à fouriner, sans en rien payer à notre dit Seigneur; et de ce devons aux religieux de Foucarmont au nom d'icelui Seigneur 35 s. tournois aux termes que deus sont.

Droit d'affermer la chaussée. — *Item*, nous pouvons et si nous appartient de donner chacun an la chaussée de laditte ville par enchère au proffit d'icelle, parce que nous sommes tenus d'entretenir les ponts et chaussées en bon état et suffisants à nos propres coust et dépend.

Taxe de la petite Bouette sur les ouvriers étrangers. — *Taxe sur le commun des habitants pour les dépenses des ponts et chaussées.* — Et si pouvons asseoir une petitte taille nommée la *petitte bouëtte* sur les ouvriers de dehors qui viennent ouvrer en laditte ville, pour subvenir aux affaires et choses pour les frais de laditte ville; et avec ce, asseoir une autre taille chacun an sur le commun et habitants de laditte ville pour les dits ponts et chaussées et autres affaires et choses nécessaires à icelle.

Porcs vaguants. — *Item*, nous pouvons avoir nos pourceaux allants parmy la ville sans faire dommage à autruy, et de ce, devons payer par chacun an pour chacun porc un denier au terme de saint Remy à la recette ordinaire de notre dit Seigneur.

Exemptions diverses. — Et si sommes quittes et exemts de fouage, guet, de cry et hu et de nettoyage de mare.

Droits d'usages dans la forêt d'Eu. — *Item*, nous avons plusieurs franchises et libertés en la forest d'Eu, entre lesquelles notre franc herbage de hestre par livrée (excepté une rue nommée la rue saint Ouen), et si aucun de nous fait maison neuve ou répare, il en est tenu payer à la Pierre en aoust 4 deniers tournois;

Et si avons pour le corps de notre ditte ville, par livrée, ponts, planchés, et merriens de hestre pour le rellais, cays, vaisseaux à fouler, mays à pétrir, estaux à boucherie, tours d'aix à boullanger, et les peuvent avoir tous les maistres des mestiers d'icelle ville; et si avons héberger lattes, bancques, hayes de hestre et presses à draps, quand mestier en avons.

Item, avons droit de prendre en laditte forest tout mort bois, le vert en gissant et le sec en estant; et si pouvons aller querir le sec bois sur le vert excepté chables ; et sy avons droit de prendre tous les revenans et les demeurans aux charpentiers, aux scieurs d'ays, lattiers et aux cendriers ; et avons droit de prendre tous blancs bois en laditte forest excepté ès ventes et ès hayes.

Item, nous avons tous les estocs de 8 pieds de haut ou du moins en estant avec tous les coupelets et demeurants des merryens que nous prenons pour notre maison, pour notre ordoire, et herbage pour toutes nos bestes, tant chevaux que bestes aumailles en laditte forest, hors les ventes et deffens ; et par ce, nous devons de chacunes bestes y allants 4 deniers tournois au terme de saint Remy pour tout l'an.

Outre touttes lesquelles choses, nous avons droit d'eslire chacun an au dimanche de devant les Caresmeaux, trois de nous échevins pour présenter à notre dit Seigneur ; par mannière de hommage, auxquels nous baillons un meneur pour les luy présenter, desquels trois échevins, il peut prendre et choisir l'un pour faire le Maire laditte année, ou ledit meneur si bon luy semble, le tout à sa très noble discrétion.

Touttes lesquelles choses dessus dittes et chacune d'icelles nous baillons par avœu et dénombrement à notre dit Seigneur par protestation de mettre et employer en ce présent avœu plus avant si aucune chose avoit été obmise ou oubliée, ainsy que le contient plus au long cet avœu.

(Collationné par Pequerue et Menercher, tabellions à Blangy, sur l'original de la pièce).

Congé de cour sur aveu, du 8 *juillet* 1476. — Copie estant ensuite de celle dudit avœu (du 12 mai 1476) du congé de cour accordée aus d. maire et échevins ès assizes d'Eu après la déclaration faite par le Procureur de Monseigneur en sa Comté d'Eu qu'il n'y mettoit aucun reprosche ou blasme.

16 *mai* 1519. *Aveu répétitif de celui du* 12 *mai* 1476. — Copie du texte d'autre avœu et dénombrement présenté ès assizes d'Eu par les dits maire et échevins de la ville de Blangy, que l'on dit estre au surplus conforme et amplement déclaré en la copie du premier avœu cy dessus transcrit, ensemble copie de l'acte de réception dudit avœu.

17 *mai* 1519. *Congé de cour sur avœux.* — Copie du congé de cour accordée aux dits maire et échevins, manans et habitans de Blangy

10 *avril* 1537. *Arrêt pour les usagers et habitants de Blangy.*— Copie d'un arrest rendu par le sieur de Vicarly, grand-maistre enquesteur et général réformateur des eaux et forest, commissaire en cette partie, entre les maire et échevins, manans et habitants du Bourg-de-Blangy demandeurs et requérants l'entérinement de certaine requeste affin d'avoir mainlevée et ouverture de la forest d'Eu d'une part, et Dame Marie d'Albret comtesse de Nevers ayant la garde par le Roy

de François de Cleves son fils, comte d'Eu, pair de France, deffenderesse d'autre part;

Droit au bois pour bâtir et ouvrer.— Par lequel arrest en entherinant la ditte requeste a esté appointé, que par provision et jusques à ce que autrement en fust ordonné, les demandeurs et chacun d'eux auroient et prendroient bois en la ditte forest d'Eu pour bastir en leurs maisons au dit Blangy par livrée des officiers de la d. forest, en payant par chacune livrée 4 deniers à la Recette ordinaire du dit comté d'Eu au jour et feste de Saint-Pierre, entrant en aoust, aussy bois pour faires pons, planches, estaux à boucher, mays, ayx, vaisseaux à fouler, presses à draps, les demeurans aux charpentiers et lattiers qui auront besogné pour les d. habitans ou aucuns d'eux, et mairiens de haistre pour les rellais, visitation préalablement faite par les officiers d'icelle forest de la nécessité qu'il y aura de bastir et reparer tant ès maisons des dits habitans et chacun d'eux au d. Blangy que aux d. ponts et rivière du d. lieu qui seront tenus demander à jour de pleds.

Droit au bois de chauffage.— Semblablement auront et prendront les dits demandeurs pour leur chauffage bois sec cheust (tombé), les branches de hestres cheûtes et le sec en estant et branches seiches et les estocs de la hauteur de 8 pieds et au dessous et blancs bois comme saux, marsaux, bouillards, épines, trembles, et autres non portants fruits selon les ordonnances royaux et Charte Normande, à prendre le dit blanc bois en la d. forest es lieux de haute futaye où il y aura plus de bois de chesne et hestres et hors des ventes et deffends, en payant pour chacun mesnage la somme de 4 deniers au jour et feste de Noël chacun an à la recette ordinaire d'Eu.

Droit au pâturage.— Et aussy auront et pourront iceux demandeurs et chacun d'eux mener ou faire mener et conduire leurs bestes chevallines et aumailles comme bœufs et vaches seullement et non d'autres bestes, qu'ils auront au d. Blangy, pour eux et leurs nécessités seulement, et dont ils ne pourront faire aucun fait de marchandises, en la ditte forest pour y paistre, pasturer et héberger et ceux qui ne seront déclarés d'âge suffisants; pour y envoyer les d. bestes pasturer excepté depuis la my avril jusques à la fin de mars, durant lequel temps ils n'y pourront envoyer pasturer leurs dittes bestes, en payant pour chacune beste qu'ils auront envoyé pasturer en la ditte forest 4 deniers à la recette ordinaire du comté d'Eu au jour de Saint-Remy, à la charge d'aller déclarer aux officiers de la ditte forest aux pleds d'icelle précédens le jour de Saint-Remy le nombre des bestes qu'ils auront envoyé en l'année précédente et qu'ils entendent envoyer en l'année en suivant pasturer en icelle forest, et a faute de faire la ditte déclaration et payer les dits 4 deniers pour bestes, ils seront privés de pouvoir envoyer aucunes bestes en la ditte forest pour la ditte année.

26 *mars* 1580. *Acte de foi et hommage du maire et des échevins de Blangy.* — Requeste présentée à M. le comte d'Eu par les maire et échevins, manans et habitans de la ville de Blangy, tendant à ce qu'il plust au d. seigneur les maintenir et conserver en leurs droitures, franchises et libertés et les recevoir à lui faire la foy et hommage et bailler avœu de leurs dittes franchises et des droits qu'ils luy doivent, ensemble copie de l'ordonnance estant ensuite portant :

Nous avons accordé aux suppliants acte de leur présentation pour la foy et hommage qu'ils prétendent nous faire de leurs franchises, droits et libertés, sauf après que les procès pendans contre eux en la réformation de nostre forest auront estés vuidés, à faire droit sur la présente requeste ainsi que de raison.

16 *mai* 1519. — Grosse en parchemin, signée *Bataille*, de l'avœu et denombrement présenté à Charles de Clèves, comte de Nevers et d'Eu par les maire et échevins, manans et habitans de la ville de Blangy.

Copie collationnée par *Fournier* et....., tabellions d'Eu, du dit avœu et denombrement (du 16 mai 1519) ensemble de l'acte de réception du dit avœu et du congé de cour accordée aux d. Maire et Echevins le 17 mai 1519.

Autre copie collationnée par David Le Mareschal, Lieutenant particullier de M. le Bailly vicomtal du comté d'Eu des dits avœux et dénombrement, actes de réception et congé de cour des 16 et 17 mai 1519.

3 *février* 1610. *Sentence de Bailly d'Eu, nommant Michel Hébert maire.* — Expedition en papier d'une sentence rendue par le sieur Bailly vicomtal du comté d'Eu par laquelle, entre autres choses, appert s'estre présentés les maire et échevins de Blangy, lesquels en la présence du procureur général du dit comté et suivant leur antienne coustume ont exibé et représenté l'acte de l'eslection par eux faitte de *deux* des dits échevins pour estre l'un des dits éleus nommé pour subir la ditte charge de maire, sur quoy après avoir ouij le d. procureur, le d. sieur Bailly a nommé *Michel Hébert* pour exercer la ditte charge de maire.

20 *juillet* 1625. *Avœu et dénombrement des maire et échevins de Blangy. Modifications aux précédents.* — La minute d'une déclaration avœu et dénombrement et acte de prestation de foy et hommage rendu par les maire et échevins, manans et habitans de la ville de Blangy à Madame Catherine de Clèves, duchesse douairière de Guise, comtesse d'Eu, en suite de laquelle déclaration signée *Carton*, *Levasseur*, *Galland* et autres sont les conclusions signés Le Duc et l'ordonnance signé Mithon, contenant réception du d. avœu sauf les droits que

Madame a accoustumé de percevoir en la d. ville de Blangy et sur les manans et habitants d'icelle.

La grosse en parchemin et copie collationnée du d. avœu et dénombrement et acte de réception d'icelluy par le sieur Bailly vicomtal du d. jour 20 juillet 1625.

NOTA. Il y a quelque différence entre les choses énoncées au d. avœu de 1625 et celles énoncées es avœux de 1476 et 1519, et entre autres pour les articles cy après savoir :

Droit de gambage et afferage. — Qu'il appartient au d. maire et échevins le droit de gambage et afferage, reservé que ce la dame comtesse d'Eu peut choisir une taverne laquelle est exempte du dit droit ;

Délivrance de bois pour le feu de Notre-Dame de septembre. — Que les d. maire et échevins ont à la Notre-Dame de septembre un cent de bois qui leur doit estre livré par le receveur de l'église de Notre-Dame de Blangy la veille de Notre-Dame de septembre pour le feu qui a accoustumé d'estre fait devant la ditte Eglise et au milieu du marché de la ditte ville de Blangy ; avec les gallons de vin tels qu'ils ont accoustumés leur estre payés par les anciens avœux.

Droit d'aunage.— Leur compette et appartient la ferme du droit d'aunage dont ils ont jouy de tems immémorial.

Droit de langueyage des porcs.— Item, leur appartient la ferme du langueyage de porc qui se vendent aux jours du franc marché et autres jours au d. lieu de Blangy.

Droit d'épreuve des chevaux.— Item, leur appartient le droit de l'espreuve aux chevaux et autres bestes chevallines.

Consécration solennelle des droits d'usage dans la forêt d'Eu.— Chauffage en mort bois.— Item, ont plusieurs droits et franchises et libertés en la forest du d. comté d'Eu, esquels ils ont esté maintenus et gardés par arrest du 1er décembre 1581, donné par les juges de la Table de marbre du Pallais à Paris, entre feu M. Henry de Lorraine, duc de Guise et Madame son épouze, comte et comtesse d'Eu, et les habitants de Blangy, entre les quelles franchises les demeurans ès antiennes masures ont droit de chauffage en bois blanc et tous autres non portants fruits et bois mort de cime en racine et tel bois qu'il est déclaré dans la Charte Normande avec le droit de pasturage, à la charge d'en payer pour chacune beste 4 deniers par an au terme Saint-Remy.

Chauffage en bois mort.— Pâturage.— Exceptions.— Item, les dits habitants ont droit de chauffage en bois mort de cime en racine et tel bois qu'il est déclaré par la Charte Normande es hautes futayes et haut taillys âgés de trente ans et au-dessus et où il y aura plus de chesne et hestre que d. bois ; et pasturage en la d. forest pour leurs bestes chevallines comme dit est avec leurs vachinnes ès bois de haute futaye et taillis deffensables et tels qu'ils sont déclarés par les officiers de la d. forest, lesquels bestes ils sont tenus bailler par déclaration aux jours des pleds accoustumés et sans abus, et sont déclarés non usagers, *pour le regard du chauffage seulement* les hostelliers, taverniers, chaufourniers, thuiliers, briquetiers, boullangers, patissiers, brasseurs, charons, menuisiers, sabottiers et artisants faisants ouvrages de bois.

23 *juin* 1655. *Curage de la rivière*.— La minute d'une sentence rendue par le S. Lieutenant général au bailliage des eaux et forests du comté d'Eu, entre le sieur *de Bosmy* et les maire, eschevins et procureur sindic de la communauté de Blangy, par laquelle veu les avœux qui obligent les d. habitans à la curation de la rivière, est ordonné qu'ils feront icelle nettoyer autant qu'ils y sont tenus.

Même date.— L'exploit de signification de la susdite sentence, *à la requeste du d. s. de Bosmy*, au procureur sindic de la communauté de Blangy.

21 *juillet* 1655. *Police de la rivière*. — L'expédition en papier d'une sentence rendue par le dit sieur Lieutenant général des eaux et forest entre ledit sieur *de Bosmy* et

Alph. Loquette, échevin de Blangy par laquelle entre autres choses est fait deffenses au dit Loquette et à tous autres de jeter aucune terre dans la rivière, et d'empêcher le cours ordinaire à peine de tous dépens, dommages et intérest.

28 *juin* 1659. *Arrêt sur contestations locales.* — Copie non signée d'un arrest du Parlement, rendu entre le sieur *de Bosmy*, les maire, échevins, manans et habitans de Blangy, les habitans de Fontaine et de Grebeaumesnil, les habitans de Neslette, le sieur de Rambures et le sieur de Bourdeilles tuteur honoraire de M. le comte d'Eu, sur plusieurs contestations entre les susnommés, *du quel arrest ne sera fait icy aucun extrait, en ce que le tout n'est interressant que pour les d. maire et eschevins de Blangy, et que l'intervention de M. le comte d'Eu n'a esté que pour soutenir leurs intérests.* . . . . . .

Ces seize pièces sont littéralement extraites de l'Inventaire des titres du comté d'Eu, recueil manuscrit d'une conservation parfaite, dressé, selon toute apparence, au commencement du XVIIIe siècle ou à la fin du XVIIe, déposé aux archives du département de la Seine-Inférieure. Par la forme que le scribe leur a donnée, par leur orthographe et les visas et annotations qu'ils présentent, ces documents intéressants ont, pour le paléographe, la même valeur et la même authenticité que les originaux des titres eux-mêmes, lesquels probablement auront été retenus dans les papiers particuliers de la famille d'Orléans, héritière du comté d'Eu.

Je considère donc comme une bonne fortune d'avoir pu, grâce à l'obligeant concours de mon collègue M. Charles de Beaurepaire, archiviste en chef du département et membre distingué de l'Académie des sciences, belles-lettres et arts de Rouen, enrichir cette monographie à l'aide des documents historiques dont il s'agit.

J'ai jugé utile de les insérer en entier, d'abord dans l'intérêt de ma notice sur Blangy, puis parce qu'il m'a paru que cet ensemble d'aveux, d'actes de concession et de sentences pouvait être regardé comme un *specimen* assez complet des franchises, libertés et charges des villes du moyen-âge qui, dans nos contrées, relevaient de la souveraineté des grands seigneurs du royaume.

A ce point de vue général, comme au point de vue particulier des anciens droits, us et coutumes de Blangy, je ne crois pouvoir mieux faire que de tirer des documents ci-dessus les aperçus qui me sont propres, et qui complèteront la partie historique de mon œuvre.

On l'a vu dans les documents qui précèdent, ce qui forme avant tout l'essence des relations écrites entre le seigneur comte d'Eu et la ville de Blangy, c'est la part de justice seigneuriale ou de juridiction que le souverain de la comté délègue à la ville (en la délimitant, toutefois, avec le plus grand soin), en matière civile, industrielle et même criminelle.

A cet égard, la ville de Blangy, dès avant le XVe siècle, était bien partagée.

Son maire et ses échevins (remarquez que l'action émanait toujours de ce concours des deux autorités), avaient le droit de connaître, juger, condamner et faire exécuter sur la plupart des cas intérieurs qui pouvaient surgir dans la ville, pourvu que la personne et les intérêts directs du seigneur haut justicier ne fussent pas en cause.

Ce droit de condamnation allait jusqu'à des exagérations singulières : ainsi, une personne qui mettait la main sur le maire s'exposait à avoir le poing coupé; quiconque usait de violences envers un échevin, voyait sa maison rasée, à moins qu'il ne préférât payer 10 liv. d'amende, ce qui, par parenthèse, donne une grande idée de la valeur de l'argent à cette époque, comparativement à la valeur des habitations de Blangy.

Ils pouvaient faire brûler sans appel les marchandises appartenant aux maîtres des corporations qui avaient forfait aux règlements sur leur industrie.

Ils avaient le droit d'emprisonner, pendant une nuit et un jour, les malfaiteurs signalés par la voix publique.

Qu'un juré fût frappé par un non-juré, celui-ci pouvait être banni de la ville jusqu'au rappel du maire et des échevins ;

Les bourgeois de Blangy avaient ce privilége de ne

pouvoir, eux ni leurs serviteurs ni leurs biens, être arrêtés à Bouttencourt, c'est-à-dire de l'autre côté de la rivière, seule limite entre les maisons de ce village et la ville, tandis que Blangy pouvait prendre à Bouttencourt un notable pour lui conférer, dans la ville, les honneurs de l'échevinage, et que, d'un autre côté, les maire et échevins avaient le droit de traduire à leur barre et de condamner un habitant de Bouttencourt qui aurait porté atteinte aux draps étendus dans les prés limitrophes par un fabricant de Blangy.

Voilà pour la justice.

Remarquons ici la mention du *cri de haro* en vertu duquel s'exerçait la juridiction de Blangy contre les malfaiteurs que cette clameur lui signalait. C'est une trace essentiellement normande qui suffirait pour repousser tout doute sur ce que cette partie extrême du pays de Bray, picarde pourtant par les mœurs et le langage, n'a pas cessé d'être comprise dans les limites de la province de Normandie.

On trouve, du reste, un autre fait corroborant cette assertion dans les titres des droits d'usage de Blangy ès forêt d'Eu, titres qui renvoient les usagers à la Charte normande pour la définition des neuf espèces de mort-bois, lesquelles sont, d'après cette charte : saulx, marsaulx, épines, puines, seurs, ronces, aulnes, genêts et genièvres.

Je vois encore, dans la concession du droit d'emprisonnement des malfaiteurs par clameur de haro, une clause utile à relever : il est dit qu'au cas d'évasion du prisonnier, les autorités de la ville sont quittes, pourvu qu'elles l'aient fait poursuivre jusqu'au bout de leur banlieue, et qu'ils en aient avisé les habitants de Montchaux, Fontaine et Bouttencourt, villes prochaines.

Sans attacher plus d'importance qu'il ne convient à ce titre de *ville* (qui pouvait alors, au plus, s'appliquer à Montchaux, ayant forteresse et garnison), il s'ensuit que, à cette époque, la banlieue de Blangy s'étendait beaucoup plus loin qu'aujourd'hui vers Montchaux; que l'administration de Bouttencourt était, alors aussi, distincte de celle de Blangy, et que Fontaine n'était pas, comme aujourd'hui, partie intégrante de Blangy. Mais il est à présumer qu'au XVe siècle, le petit manoir féodal de Fontaine avait vu se grouper autour de lui certain nombre d'habitations formant village jusqu'à Grebeaumesnil, et ayant une existence propre, et que la fusion de ce qui est resté de ce village, avec la ville, ne s'est opérée que depuis.

Les titres transcrits constatent l'existence à Blangy, au XVe siècle, de l'industrie de la fabrication des draps, qui s'y est perdue depuis, comme celle de la serge, à Aumale. A cette époque la municipalité de Blangy, jalouse de la réputation de ses draps, tenait à en garder intacte la bonne confection. Elle avait un fer pour les marquer, et, en cas de doute sur la qualité, elle pouvait les faire contremarquer par des experts. Ce temps, on le voit, n'était pas si barbare qu'on n'y prît des mesures rationnelles pour empêcher la fraude en matière commerciale.

A côté de la draperie, figuraient la fabrication de la toile, et la tannerie avec les industries qui en dépendent.

La ville avait sans doute des charges envers le seigneur Comte et l'Eglise. Mais ces charges ne sont point spécifiées dans les actes, probablement parce qu'elles ne différaient point de l'état général et ordinaire des choses du temps. Mais on la voit revendiquer fréquemment ce qu'elle appelle à bon droit ses libertés et ses franchises, et, malgré certaines dissidences que révèlent à cet égard les aveu et arrêt des 20 juillet 1625 et 28 juin 1659, elle ne manque pas, chaque fois, d'emporter la reconnaissance de ses anciens droits et de ses exemptions. Il y a plus, l'aveu du 20 juillet 1625, homologué par un acte de réception du Bailli vicomtal du même jour, relate cinq sortes de droits ou franchises qui n'étaient point énumérées dans les aveux précédents.

Ce dernier aveu, avec l'arrêt de la Table de marbre du 1er décembre 1581, qu'il relate, constitue le principal et dernier titre de Blangy pour ses droits d'usage dans la forêt d'Eu. Il modifie sur certains points à cet égard les définitions de l'aveu du 12 mai 1476 et de l'arrêt du 10 avril 1537; de telle sorte qu'il ne paraît pas douteux que jusqu'à la révolution de 1790, Blangy a joui sans conteste des *droits* ci-après :

Pour toute personne habitant les anciennes masures, le droit de chauffage par les neuf espèces de mort bois ou bois blanc, et du bois mort de cime en racine, à prendre dans les hautes futaies et taillis âgés de 30 ans et plus, là où il y avait plus de chênes et hêtres que de ces bois d'espèce inférieure ;

Secondement et sans distinction d'habitants ni d'ancienneté d'habitations, le droit de paturage, dans les futaies et taillis défensables, pour tous les animaux de la race chevaline et de la race bovine, pourvu que les usagers fissent annuellement la déclaration du nombre et de l'espèce d'animaux que chacun d'eux se proposait de mettre en forêt.

Etaient exceptés du droit de chauffage seulement certaines professions dénommées et les artisans travaillant le bois.

Enfin, l'arrêt ne parle plus de l'ancien droit de prendre en forêt du bois pour bâtir et réparer les habitations, usines et engins industriels, droit qui résultait de l'aveu général du 12 mai 1476, mais dont l'exercice avait sans doute donné lieu à quelques abus. Peut-être aussi, comme je l'ai dit, les désastres exceptionnels (incendie, pillage, inondations) qui avaient dans l'origine motivé cette concession, se trouvant moins à redouter à une époque de tranquillité relative, il avait paru convenable de limiter dorénavant le privilége au chauffage et au paturage. Que ce fût cette raison, ou l'effet d'une transaction dans laquelle la ville de Blangy ait dû abandonner une partie de ses usages pour sauver le reste, toujours est-il que l'arrêt précité a eu pour elle les effets d'un véritable contrat qui conserve encore à présent toute sa valeur (1).

Dans les relations de la municipalité avec l'Eglise, les aveux mentionnent plusieurs cas où l'on voit qu'il y avait alors comme aujourd'hui, entre l'une et l'autre, des points de contact et de solidarité pour la chose publique.

Ainsi l'Eglise percevait 5 sols tournois sur les 25 s. de taxe imposés à chaque nouveau maître de métier.

Les gardes de ville, probablement à cause de l'affluence plus grande d'étrangers qui venaient à Blangy lors des trois fêtes annuelles de la ville, Notre-Dame de Mars, Notre-Dame d'août et Notre-Dame de septembre, étaient tenus à un surcroît de surveillance et de fatigue. Ils recevaient à chacune de ces solennités un gallon de vin payé 2/3 par le prieur de l'église Notre-Dame, et l'autre tiers par le trésor même de l'Eglise.

(1) Le doute, s'il a existé un moment, s'est d'ailleurs trouvé complètement levé par un arrêt de la Cour royale de Rouen, du 14 août 1844, dont voici le dispositif :

« Toutes les maisons usagères de la commune de Blangy qui seront reconnues avoir existé quarante ans avant la main-mise de l'Etat sur la forêt d'Eu (en 1790), ou avoir été bâties depuis sur des fondations alors existantes, seront comprises dans le procès-verbal de reconnaissance qui doit servir de base à la rentrée en exercice des dits droits. »

Enfin, la fête de Notre-Dame de septembre (1) était l'occasion d'un feu de joie qui avait lieu devant l'église et au milieu du marché Un cent de fagots était fourni à cet effet, indépendamment du vin, par le receveur de l'église.

Ces feux de joie étaient encore allumés il y a peu d'années, seulement l'église s'était soustraite à la dépense du bois et du vin. C'étaient (comme on eût dit autrefois) les manans de Blangy qui fournissaient le combustible, et qui s'attribuaient le joyeux privilége d'exécuter des rondes autour du foyer improvisé.

Les redevances de vin dont je viens de parler, ainsi que le droit concédé au maire et aux échevins par l'aveu de 1476, de fixer le prix du vin vendu au marché, justifient amplement ce que j'ai dit plus haut de la culture de la vigne dans Blangy et dans les campagnes voisines

On a vu, dans les nomenclatures qui précèdent, que, pour être moins méthodiquement ordonnées peut-être qu'elles le sont aujourd'hui, les mesures de police générale et municipale ne manquaient pas à Blangy ; la ville, en effet, avait des règlements pour la garde des récoltes, la garde des draps fabriqués, l'apport et la vente des denrées aux marchés, la vérification des marques industrielles et des poids et mesures, le curage

(1) C'est encore aujourd'hui le 9 septembre qu'a lieu la fête de la paroisse.

et le libre cours de la rivière, les ponts et chaussées, etc.

Une chose seulement me choque dans la série des franchises que le seigneur Comte accordait à la ville : c'est cette inconcevable faculté de laisser vaguer les pourceaux allant parmy la ville « moyennant redevance d'un denier par chaque animal. L'aveu ajoute, il est vrai : pourvu qu'ils ne fassent point dommage à autrui ; mais le moyen le plus simple et le seul efficace, à mon avis, d'obtenir ce résultat était de tenir enfermés ces déplaisants et indisciplinés pensionnaires

Somme toute, on voit que le poste de maire et échevins dans la ville de Blangy était loin de constituer une sinécure.

Les archives manquent aux époques où il eût été désirable de retrouver les noms de ces fonctionnaires qui, indépendamment de l'honneur sans doute très envié qui rejaillissait sur eux du choix électif des habitants, recevaient une investiture non moins honorable de leur nomination par le chef du comté d'Eu.

Le premier maire qui soit nommé dans les aveux transcrits, est M. Michel Hébert (1610); MM. Carton, Levasseur, Galland, qui ont signé l'aveu du 20 juillet 1625, étaient probablement, le premier maire, et les deux autres, échevins.

L'aveu de 1655 cite un sieur Alphonse Loquette comme échevin.

Les familles Hébert et Carton ont encore, la première

4.

surtout, de nombreux représentants à Blangy. Elles exerçaient principalement l'industrie de la tannerie.

Enfin, les titres de la famille Bosmy montrent qu'un de ses membres, Jean-François de Bosmy de Bézancourt, fut maire de 1744 à 1752.

Mais ce qui est resté peu expliqué dans les énonciations des aveux que j'ai retrouvés, c'est la présence et le concours effectif, dans les actes intervenus de 1655 à 1660 entre le comte d'Eu et la ville de Blangy, d'un sieur de Bosmy qui agit indépendamment du maire et des échevins, sans que son titre à cette intervention soit indiqué. Comme il s'agissait, d'une part, de requérir, puis de faire signifier une sentence du lieutenant-général du Bailliage portant injonction de curer la rivière (23 juin 1655), ou d'une sentence portant défense d'encombrer son cours (21 juillet 1655), ou enfin de statuer sur des contestations (28 juin 1659) élevées entre le comte et les maire et échevins, il est à présumer que le sieur de Bosmy possédait quelque fonction spéciale relevant directement du seigneur Comte, l'appelant à servir d'intermédiaire entre ce seigneur et la municipalité de Blangy pour le règlement des affaires contentieuses locales. Quoi qu'il en soit, ce délégué du comte devait exercer une charge officielle importante, puisque c'est à sa requête que les actes coercitifs étaient mis à exécution.

PIÈCES JUSTIFICATIVES.

Institution de l'hôpital de Blangy. — 18 *décembre* 1685. —Acte passé devant les conseillers au Châtelet, par lequel Mademoiselle Anne-Marie-Louise d'Orléans, princesse de Dombes, duchesse de Montpensier et de Chatellerault, comtesse d'Eu, *premier pair de France*, donne une grande maison avec dépendances situées à Blangy, qu'elle a fait disposer pour recevoir les pauvres malades du comté d'Eu et de la ville de Blangy principalement, hôpital déjà affecté à sa destination et au service du quel seront préposées quatre sœurs de la charité, avec 1666 liv. 10 s. de rente perpétuelle.

Cette maison avait été achetée par la donataire de messire Joseph de Monchy, chevalier seigneur de Campeneuseville, par contrat devant les tabellions d'Eu, le

5 septembre 1682, dans lequel il est fait mention d'une réserve concernant douze journaux de terre en labour, tenus et mouvants de messire Anne de Bosmy, seigneur de Fontaine, Enneval, Grismomménil, etc.

20 *mars* 1686. — Ordonnance du roi qui homologue cette donation.

Cependant il paraît que, douze ans après, l'administration de l'hôpital rencontrait quelques difficultés par défaut d'institution régulière des sœurs. En effet, une supplique adressée le ... octobre 1698 à monseigneur l'archevêque de Rouen, le prie de vouloir bien réaliser les promesses verbales par lui faites lors de ses visites à Blangy, pour cette consécration définitive.

Cette requête contient une mention importante pour l'histoire qui nous occupe. Elle rappelle que « les maires, échevins et habitants de Blangy avaient *anciennement* fondé un hôpital à *Bouttencourt-lez-Blangy, qui appartenait pour lors au même seigneur comte d'Eu*, comme il se voit par un acte authentique qui est en l'abbaye de Séry, et par un ancien inventaire qui se trouve aux archives de la majorité de Blangy, lequel hospital a été ruyné quant aux bastiments et pour la pluspart des revenus par les guerres et autres misères des temps, » circonstances d'où les pétitionnaires infèrent que la charitable princesse, bienfaitrice de Blangy, a été portée à fonder le nouvel hôpital si vivement réclamé par les besoins des pauvres.

Cette pièce est revêtue des signatures ci-après :

F. Carton, *maire en charge;* Theroude, *curé;* Masse, *lieutenant particulier.* — L. Carton, Réné Louys, François Lotte, Pierre Péville, Gourtin ou Courtin, Charles Duval, *échevins.* — Broussein, François Hédin, N. Assegond, Nicolas Delansoy, François Aubert, Jacques Tardieu, Pierre Duval, François Thiébaut, Jean Martinet, *notables.*

(*Archives départementales*, fonds de l'Archevêché.)

Eglise de Blangy. — 15 *août* 1778. — Donation passée devant Hesnard, notaire à Blangy, par laquelle dame Marie-Madeleine de la Berquerie, veuve de messire François Levaillant, écuyer, seigneur du Courval, demeurant à Blangy, affecte en faveur de l'église curiale de Blangy, à la *fondation perpétuelle de messes de quarante heures* qui seront dites les dimanches, lundis et mardis gras, un capital de 1,720 l. 3 s. devant produire net à la fabrique, par un *placement sur le roi*, 100 l. 16 s. par an.

8 *février* 1779. — Ordonnance approbative par monseigneur de la Rochefoucauld, cardinal archevêque de Rouen.

(*Archives départementales*, fonds de l'Archevêché.)

Constatations successives de l'état de l'église.— 23 *janvier* 1683.— Rapport au coadjuteur.— Outre le curé, il y a trois prêtres, un vicaire nommé ***Poulain***, de 28 ans...., le second prêtre est le chapelain de la charité, nommé ***Beausire***, de 27 ans ...., le troisième prêtre est M. *Charles Bonté*, de 68 ans; il demeure à Blangy depuis 40 ans....., son office est de chanter..... il a environ 220 l. de ses messes et casuel. Le vicaire a 280 l. aux dépens du curé; le chapelain de la charité a au moins 300 l. bien payés par la *confrérie*. Il y manque encore un *premier chappier* qui avait 300 l. payables pour la meilleure partie par l'église. Il y a encore un bon *magister* qui tient très bien *l'école* des garçons et montre le plain-chant à plusieurs qui portent le surplis. Les *sœurs grises* tiennent *l'école des filles* et ont soin des pauvres malades. La cure est de 1,000 l. et de 700 communiants. Il y a quatre hameaux éloignés d'une demi-lieue, l'un de quatorze maisons, un autre de dix et les autres de trois ou quatre. Les rentes et cueillettes de l'église de Notre-Dame font 700 l. par an et celles de Saint-Denis 130 l.. ...

(*Archives départementales*, doyenné de Foucarmont.)

On remarquera que cette cure avait ordinairement une importance beaucoup plus grande qu'aujourd'hui, puisque son personnel normal se composait d'un prieur-curé et de quatre prêtres.

16 *octobre* 1691.— Procès-verbal de la visite des églises de Notre-Dame et de *Saint-Denys*, par le curé de Fesques, délégué. Il constate que les couvertures

des deux églises sont en bon état, mais que « 30 pieds de la voûte de la nef de Notre-Dame sont réduits par terre par défaut d'un cordon qui a *abrenné*, et que la réparation urgente coûterait 8 à 900 l. »

6 *mai* 1746. — Procès-verbal de visite de *l'église paroissiale* de Blangy par M. Richier de Cerisy, grand vicaire de l'archevêché de Rouen, assisté du curé de Compainville. « Considérant qu'on n'a point travaillé à la nef depuis la dernière visite, on accorde six mois pour accomplir les réparations, à peine de quoi, la nef sera interdite ». — La situation des écoles est déclarée très bonne. — On a compté cette année 800 communiants.

30 *octobre* 1746. — Procès-verbal de visite de l'église par le curé de Preuseville (Lesauvage) délégué par Mgr de Saulx-Tavannes, archevêque de Rouen. La voûte de la nef, tombée depuis 50 ans, n'a pas été reconstruite. Ce procès-verbal arrête les comptes de la fabrique. Les ressources sont insuffisantes pour faire les réparations.

Cette pièce porte les signatures suivantes :

Henin, prieur-curé de Blangy (le même qui fut peu de temps après nommé prieur d'Eu). — Duhamel, Bezencourt, Vauquet, Hesnard, L. Carton, Charles Duval, Hébert, Jean Duhaut, Jean Leuillier, Raoul Mouron, Fournier, Bochsler, Nicolas Héquainbourg et Antoine Lourdel.

(*Archives départementales*, fonds de l'Archevêché.)

Nominations des prieurs-curés. — 23 *décembre* 1698 — Procuration notariée par laquelle messire ***Philippe Baré***, prêtre chanoine régent de Saint-Augustin à Bourges, désigné pour la cure de Blangy par l'abbé de Caluo, commendataire de l'abbaye d'Eu, charge M ...... de signifier sa non-acceptation au dit abbé.

9 *juillet* 1746. — Nomination par Jean Macé, abbé commendataire de l'abbaye d'Eu, de frère ***Guillaume-Louis Hénin***, religieux profès de l'ordre de Saint-Augustin de la congrégation de Sainte-Geneviève, alors prieur de Saint-Chéron de Chartres, au prieuré-cure de Blangy, en remplaçement de frère ***Marc-Antoine Dupuich***, de la même congrégation, décédé.

20 *octobre* 1759 (en latin). Nomination par ledit abbé Macé de messire *Jean Vernier*, prêtre chanoine régent de l'ordre de Saint-Augustin, curé de Sainte-Stéphanie de Harancourt, au prieuré-cure de Notre-Dame de Blangy (à laquelle est réunie la paroisse de Saint-Denys), en remplaçant de M. Hénin, promu au prieurat de la ville d'Eu.

(*Archives départementales*, fonds de l'Archevêché.)

III

Etat actuel.

Description topographique, administrative, etc. — Territoire, nature et produits du sol. — Population. — Voies publiques, constructions. — Salubrité. — Edifices : église, halles, mairie, hospice, caserne. — Listes des curés, vicaires, maires, adjoints, juges-de-paix, notaires, etc. — Agriculture, industrie, commerce, foires et marchés. — Contributions. — Propriétés communales. — Marais. — Ressources et charges de la ville, de l'hospice, du bureau de bienfaisance. — Lieux de sépulture. — Instruction publique. — Sciences et arts, bibliothèque.

Chef-lieu d'un des cinquante cantons du département de la Seine-Inférieure ; situé sur la Bresle et les routes impériale n° 28 de Rouen à Saint-Omer, et départementale n° 32 de Blangy à Bolbec; à 80 kilomèt. N. de Rouen, à 24 kilomèt. S. d'Abbeville, à 30 kilomèt. O. d'Aumale, à 24 kilomèt. E. d'Eu ; Blangy est le siége d'une justice-de-paix, d'une inspection des forêts de l'Etat, d'un bureau de l'enregistrement et des domaines, d'un notariat, d'une brigade de gendarmerie à cheval, d'une direction de poste aux lettres, d'une recette buraliste des contributions indirectes; il possède un greffier de justice-de-paix, un huissier, un agent-voyer cantonal, une succursale de poste aux chevaux, deux débits de tabac.

Territoire. — D'après le cadastre, dont l'exécution remonte à 1825, son territoire, qui forme la limite des départements de la Seine-Inférieure et de la Somme, a une étendue de 1,740 h. 86 a. 60 c., qui se répartit en sept sections, ainsi qu'il suit :

La ville ou la principale agglomération ;

Le hameau de Fontaine, à l'est;

Le hameau de Grémont-Mesnil ou Grebaumesnil, et celui de Blanquenneval, du même côté ;

Le hameau de Boiteaumesnil, au sud, sur la route impériale ;

Le hameau de Heurtevent, au sud-ouest ;

Le territoire de Grande-Vallée, au sud-ouest, composé seulement de deux fermes réunies naguère sous une même direction ;

Enfin, le hameau d'Hottineaux, à l'ouest ;

Ce territoire formerait ainsi un grand cercle si, par une anomalie que l'administration fera probablement un jour disparaître, il n'était brusquement limité au nord par la commune de Bouttencourt (Somme), prolongement naturel de la ville dont il n'est en réalité qu'un faubourg.

Lorsque, venant de Rouen ou d'Amiens, on arrive à Blangy, cette limite formée seulement par un bras de la rivière, n'est nullement apparente, tant l'agglomération des habitations de Bouttencourt se fond dans la masse de celles de Blangy. Il n'y a, dans l'aspect général, aucune différence. Du reste, les origines de la population sont les mêmes.

Les 1,740 h. 86 a. 60 c. dont se compose le territoire de Blangy, sont exactement, aux termes du cadastre, répartis de la manière suivante, entre les différentes natures ou destinations du sol :

Terres labourables. . . . . (c'est-à-dire environ la moitié de la surface totale.)	860 h	93 a	70 c
Jardins	11	44	70
Pépinières		82	20
Friches et rideaux (terme local désignant une dépression de terrain ou petit coteau qui sépare les plateaux inégaux)	74	48	90
Bois taillis.	517	55	70
Prés.	159	06	80
Vergers	49	37	40
Sol des propriétés bâties	10	65	»
A reporter. . . .	1,684 h	34 a	40 c

Report. . . .	1,684 h	34 a	40 c
Chemins et places publiques . . .	45	94	»
Rivière et ruisseaux	9	90	30
Eglise, cimetière et hospice . . .		67	90
(Cette dernière contenance doit être un peu augmentée au détriment des terres labourables, depuis l'ouverture du nouveau cimetière (1), qui a une contenance de 56 a. 28 c.)			
Total	1,740 h	86 a	60 c

Population. — Le dernier recensement officiel (1856) attribue à Blangy une population de 1,713 âmes : 837 hommes, 876 femmes.

Cette population se subdivise ainsi :

Garçons.	423	837.
Hommes mariés.	374	
Veufs.	40	
Filles.	406	876.
Femmes mariées	369	
Veuves	101	

La population totale du recensement précédent, effectué en 1851, était de 1,838 âmes.

Il y a donc eu, en cinq ans, une diminution de 125 personnes.

(1) Arrêté du préfet du 13 mai 1850.

Peut-être ne trouvera-t-on pas sans intérêt les dépouillements ci-après qui indiquent la distribution des habitants selon les principaux points de vue ordinaires de la statistique.

On compte 476 ménages, savoir :

39 n'ayant qu'une personne chacun ;
115 avec chacun deux personnes ;
119 de trois personnes ;
82 de quatre ;
55 de cinq ;
25 de six ;
41 de sept personnes et plus.

Selon l'état civil, la population, non compris 14 personnes formant l'élément flottant, se répartit ainsi :

416 garçons ;
399 filles ;
301 hommes mariés, avec enfants ;
293 femmes dans la même situation ;
73 hommes mariés, sans enfants, et 76 femmes id.;
Veufs avec enfants, 31 ; sans enfants, 9 ;
Veuves avec enfants, 88 ; sans enfants, 13.

Répartition par âges :

Il y a, de	0 à 1 an	17 garçons,	20 filles ;
	1 à 10 ans	134 —	128 —
	10 à 15 ans	88 —	66 —
	15 à 20 ans	68 —	70 —
	20 à 30 ans	116 —	127 —

. . . .

Il y a, de 40 ans, 8 hommes et 10 femmes;
50 ans, 9 — 11 —
70 à 80 ans, 23 hommes 44 femmes;
80 à 93 ans, 4 — et 4 —
En tout, 75 personnes plus que septuagénaires.

Depuis le dernier recensement, 3 personnes sont décédées à Blangy, qui avaient atteint: l'une 94 ans, l'autre 95 et la troisième 96 ans.

Répartition des habitants selon les professions:

AGRICULTURE.

	NOMBRE de personnes.
Propriétaires faisant valoir	32
Fermiers.	139
Journaliers et ouvriers agricoles.	117
Bûcherons et charbonniers.	58
	346

INDUSTRIE.

Fabricants de tissus de coton	24
— de lin et de chanvre	9
— d'autres tissus	3
Cuir. Tanneurs, corroyeurs, mégissiers, etc. .	38
— Autres	4
A reporter	78

	NOMBRE de personnes.
Report	78
Bois. Tourneurs.	12
— Tonneliers, tamisiers, vanniers	7
— Scierie mécanique	14
Céramique. Potiers, briquetiers, etc.	14
Produits chimiques. Fabricants d'huile à brûler, chandelles	3
— Fabricants de savons.	22
Bâtiment. Fours à chaux	3
— Maçons, couvreurs, menuisiers, charpentiers, serruriers, peintres vitriers, etc.	204
Habillement et toilette. Chapeliers et bonnetiers.	9
— Tailleurs, couturières.	49
— Modes, lingerie, broderie	7
— Fabricants de fleurs artificielles	4
— Blanchisseurs, apprêteurs d'étoffes. . .	20
— Cordonniers, bottiers, sabotiers, chaussonniers	53
— Barbiers, coiffeurs, perruquiers	14
Alimentation. Meuniers	20
— Maraîchers	11
— Boulangers, pâtissiers	23
— Bouchers, charcutiers, tripiers.	29
— Cuisiniers, aubergistes, cabaretiers, cafetiers, etc.	109
— Brasseurs.	7
A reporter	712

	NOMBRE de personnes.
Report	712
Transports. Carossiers, charrons, selliers, bourreliers, maréchaux-ferrants . . .	78
— Maîtres de poste.	4
— Voituriers et entrepreneurs	7
	801
Commerce d'habillement	23
— d'alimentation	75
— de chauffage et éclairage	9
— d'imprimerie, papeterie	2
— de luxe.	14
— d'objets divers.	43
	166
Professions diverses.	109
Clergé	13
Individus sans profession.	264

Voies publiques. Constructions.— J'ai montré, au commencement de cette notice, la direction que suivent les quatre canaux naturels de la Bresle en traversant Blangy et Bouttencourt.

La route impériale à laquelle vient aboutir, à l'entrée ouest de la ville, la route départementale n° 32, en forme la principale rue, qui a été pavée sur tout son parcours en 1845, et qui commence à se garnir de trottoirs. Cette rue centrale prend le nom de rue Saint-Denis dans sa traversée de l'ancienne paroisse de ce nom, et de rue Notre-Dame à partir du pont placé sur le premier bras de la Bresle.

Les autres rues, généralement étroites et tortueuses, sont au nombre de 19.

Ce sont les rues : aux Juifs, aux Annettes, à l'Huile, Notre-Dame, de la Halle, aux Saults, de la Prison, Cabot, Sainte-Barbe, de l'Estocq, Relai, du Marais, du Val-Cayeux, de l'Hôpital, du Bamant, du Villageois, Saint-Ouen, Saint-Denis, du Jeu-de-Paume.

Les quatorze premières appartiennent à la circonscription de l'ancienne paroisse Notre-Dame, les cinq autres relevaient de l'ancienne paroisse Saint-Denis, excepté la rue Saint-Ouen qui forme comme une section isolée de l'agglomération actuelle, et qui était le centre de la paroisse plus ancienne encore dont l'église a disparu à une époque qui doit être antérieure au XIIIe siècle.

La ville a cinq places : celle de Notre-Dame (place d'Armes) sur l'un des côtés de laquelle l'église est bâtie ;

Celle des Halles ;

La petite place Notre-Dame ;

Celle du Val-Cayeux qui a été formée, il y a peu d'années, à l'aide de remblais, sur un marais peu praticable et autour de laquelle des constructions s'élèvent ;

Et celle du marché aux Chevaux, vaste parallélogramme où un régiment de cavalerie pourrait aisément manœuvrer.

A l'exception de l'église, sur laquelle je reviendrai encore (c'est toujours là le point culminant de toute monographie locale), un petit château moderne dominant la ville au sud, résidence de la famille de Calonne, le nouvel hôtel-de-ville construit en 1858, et quelques habitations bourgeoises à l'aspect agréable, les maisons de Blangy sont en général d'une simplicité qui n'offre rien de remarquable; sauf deux ou trois qui ont un cachet d'ancienneté, elles n'appellent pas l'attention de l'archéologue Ce sont des constructions pour lesquelles il semble qu'on ait recherché plutôt la solidité que le confortable. Toutefois, le voisinage des eaux vives, l'agrément et le produit qu'elles procurent, a porté un grand nombre de propriétaires à ménager à leur résidence un verger ou un petit jardin qu'arrose ou borde la rivière.

Toutes les maisons au nombre de 486 sont, dans l'agglomération urbaine, couvertes en tuiles (pannes) ou ardoises; au dehors, il y en avait encore, en 1856, 94 couvertes en chaume. Mais aujourd'hui un certain nombre de ces dernières ont pris la couverture en ardoises qui, dans peu d'années probablement, sera généralisée.

A la même époque (1856) le nombre des maisons entièrement habitées était de. 453

Non habitées en partie. 1

— en totalité. 27

— en construction. 5

Celles qui ne possédaient qu'un rez-de-chaussée étaient au nombre de. 224

Celles qui possédaient un rez-de-chaussée et un étage. 233

Celles qui possédaient un rez-de-chaussée et deux étages, seulement. 24

C'est à peu près la situation actuelle avec une tendance à l'amélioration.

Dans la plupart des maisons, le rez-de-chaussée se compose de deux pièces : l'une qui sert de cuisine et de salle à manger, l'autre qu'on nomme *la salle*, et qui est, chez les artisans ou les industriels l'atelier, chez les rentiers le lieu ordinaire de réception des étrangers. Les pièces du premier étage servent de chambres à coucher, celles du second, quand il y en a un, ce qui, comme on vient de le voir, est assez rare, constituent le grenier et le fruitier.

L'absence de pavage et de trottoirs dans les rues (autres que la route) les rend boueuses, et y entretient en hiver une humidité qui oblige les habitants de toutes les classes à l'emploi de fortes chaussures, galoches, mules ou sabots. Ces appendices de tout piéton soigneux de la propreté et des conditions hygiéniques ne suffisaient pas jadis. Je me rappelle en effet que, du temps où j'étais enfant, un certain nombre de vieillards portaient dans la rue une chaussure singulière, que je n'ai vue nulle part ailleurs : le *patin*, soulier à semelle de cuir ou de bois monté à poste fixe sur une tige de fer de deux ou trois centimètres de hauteur, adaptée elle-même à un cercle de fer posant à plat sur le sol.

Les chaussures de cette sorte que j'ai vues devaient être déjà anciennes, car je ne me rappelle l'existence, à cette époque, d'aucune fabrication indigène de *patins*. Or, il n'est pas probable que les bons bourgeois de Blangy allassent alors chercher leurs patins ailleurs. Le patin grandissait beaucoup les personnes qu'il chaussait, et, en les forçant à marcher avec lenteur, leur donnait un air de gravité remarquable. Il devait être fort incommode pour les cas de course pressée, et devait exposer à des chutes fréquentes ; mais il avait l'inappréciable avantage de permettre de traverser à pied sec la rue d'un bord à l'autre.

La différence qui existe entre la viabilité de ce temps et celle d'aujourd'hui, fait honneur aux édiles de Blangy qui, sans doute, sous ce rapport, s'occupent de compléter leur œuvre par des moyens d'assèchement plus efficaces encore.

L'église Notre-Dame suffit aux besoins du culte. Ses dispositions intérieures sont commodes ; l'ensemble en est tout à la fois simple et élégant. Cet édifice offre des parties lézardées qui nécessiteront la consolidation de plusieurs de ses appuis et même sa restauration générale. La dépense sera considérable, mais non hors de proportion avec l'importance de ce monument, l'un des plus complets de ceux de la même époque qui sont encore debout dans la contrée.

L'effet qu'il produit serait plus grand encore s'il était complètement dégagé. La halle aux grains, construction basse, aux lourds piliers de bois, l'étreint d'une manière disgracieuse en masquant tout le côté septentrional.

Déjà, de ce même côté, à l'angle de la place, des travaux d'isolement ont été exécutés lorsqu'il s'est agi de transférer la *Maison de Ville* un peu plus loin. Espérons que, sans trop blesser les intérêts des nombreux marchands qui se sont établis aux abords de la halle, et pour qui ce voisinage est une source de travail et de bien-être, la municipalité trouvera une combinaison qui permettra de restituer à l'église de Blangy, en l'isolant, toute son indépendance et toute sa beauté.

Les améliorations de cette nature, devant lesquelles reculent parfois les grandes villes, sont d'une utilité plus douteuse encore pour les habitants des bourgades, qui sacrifient peu, en général, aux besoins de l'harmonie et de l'art.

Les motifs d'intérêt mercantile, les considérations individuelles que j'ai indiquées plus haut, sont aussi pour beaucoup dans cette résistance opposée aux projets d'isolement des édifices publics ; mais le sentiment religieux des fidèles, le bon sens des populations, lorsqu'on leur fait à cet égard un appel énergique et persévérant, finissent par céder à l'évidence de cette utilité : ils comprennent, d'une part, la raison de décence qui éloigne de l'asile de la prière et de la méditation les lieux de réunion bruyants, la chanson du buveur, le cri de la harengère et le tumulte inséparable d'un marché ; d'autre part, ils saisissent parfaitement cette considération tirée de la crainte d'un incendie qui peut communiquer son foyer à l'église et ruiner en quelques heures ce qui fut l'asile respecté des générations, le baptistère des enfants, la table sainte des communiants, l'autel du mariage, et le chœur où, tour à tour, ceux qui avaient franchi ces trois stations, sont venus reposer un moment dans l'appareil funéraire, avant d'aller se confondre pour l'éternité avec la poussière des ancêtres.

Comment n'éprouveraient-ils pas ces impressions, mes compatriotes restés fidèles à la foi et aux traditions des aïeux? Là, plus qu'ailleurs, il me semble, on a gardé les vieux usages, les coutumes hospitalières et patriarcales ; on s'efforce de maintenir les besoins au niveau des ressources, les mœurs dans les conditions de simplicité et de paix qui font les jours longs et les nuits douces, qui diminuent la peine et augmentent la joie ; laboureurs ou artisans, les Blangeois ne sont pas encore arrivés à ce point de désirer, pour leurs enfants, une carrière plus brillante, des fortunes hasardées, et de demander à l'industrie absorbante et souvent démoralisatrice des manufactures, ce qu'ils peuvent recueillir à moins de frais et de danger sur le sol natal.

Non, ce n'est pas de ces populations calmes, sensées, c'est-à-dire persévérantes dans le bien modeste, qu'il faudra longtemps réclamer un concours moral, un sacrifice même financier dans la vue patriotique de restituer à leur ville ce qu'il est possible de lui rendre de son ancienne splendeur.

Au moment où j'exprimais ces vœux, un concours des autorités civile et ecclésiastique se chargeait de les réaliser dans une grande partie de leur acception.

Déjà, dès le 20 mai 1858, un plan et un devis des travaux à faire avaient été dressés par M. Barthélemy fils, jeune et habile architecte de Rouen (1). Ce devis partage la dépense indispensable, évaluée au total à 42,978 fr., en deux parties, l'une s'élevant à 16,065 fr. pour la consolidation urgente de l'un des piliers de la tour, le rétablissement des voûtes des deux travées des bas-côtés, de pendentifs, d'une partie de pavage, la restauration de 27 fenêtres, etc.; l'autre, montant à 26,913 fr., qui a paru d'une exécution moins urgente et qui consiste dans les travaux de reconstruction des voûtes de la nef et de restauration complète du portail central.

Sur le vu de ce devis, le Conseil de la fabrique s'est empressé de mettre à la disposition de l'œuvre ce qu'elle avait de fonds disponibles, environ 3,000 fr. Le Conseil municipal a voté, de son côté, un emprunt et une impo-

(1) Le point de départ de ces dispositions fut un don de 200 fr. obtenu de S. M. l'Impératrice, par l'intermédiaire de l'honorable et savant M. Ouin-Lacroix, secrétaire de la Grande-Aumônerie, auquel *un Blangeois* avait eu l'idée de s'adresser à cet effet. Cette somme fut appliquée aux premières études du projet.

sition extraordinaire. Enfin, une première subvention de 3,000 fr. (1) a été obtenue sur les fonds de l'Etat ; ce qui a permis de faire exécuter en moins d'une année, de 1859 à 1860, et par voie d'économie, sous la direction de l'auteur ci-dessus nommé du projet, à l'aide d'un marché avec le sieur Langlois , entrepreneur à Rouen , toute la première partie du devis.

Une fois dans cette voie , la ville a voulu profiter de la présence de son architecte et de ses aménagements pour entreprendre sans retard une grande partie du surplus. Mais il s'agissait de nouveaux sacrifices à faire. L'administration n'a pas hésité à se les imposer en prolongeant la durée de la contribution extraordinaire et en affectant, de plus, une somme de 6,000 fr. sur les fonds libres. Cette seconde campagne commence au moment où je parle. Elle coûtera 14,275 fr. sur lesquels la ville obtiendra, selon toute apparence, une subvention nouvelle de l'Etat et du département.

Quand tout ce qui se rapporte à la consolidation proprement dite sera fixé, il restera quelques travaux d'art, tels que le rétablissement de la rosace du grand portail et de l'élégante galerie de pierre qui le surmontait autrefois. Déjà, cette préoccupation des besoins artistiques s'est emparée des habitants , qui viennent de souscrire, à la demande de leur maire et de leur curé ,

(1) Blangy a contracté, dans cette circonstance, une nouvelle dette de reconnaissance envers M. le baron E. LeRoy, sénateur, préfet du département.

une somme de près de 3,000 fr. pour la substitution de beaux vitraux coloriés, aux verrières blanches qui figuraient seules sur l'économique devis. Tous ont tenu à honneur de donner, peu ou beaucoup, selon leurs ressources. J'avais donc bien raison de penser, en commençant cet article, qu'une impulsion donnée de ce côté ne resterait pas infructueuse.

La vérification attentive qui a été faite à cette occasion, a démontré que l'église de Blangy a été construite au XIVe siècle ; c'est du moins l'époque à laquelle remontent évidemment le portail central, les deux premières travées de la nef, les quatre gros piliers du transept qui supportent la tour principale et quelques parties des fenestrages du chœur. Cependant six travées de la nef et des bas-côtés offrent un ensemble complet du XVe siècle, et les autres parties de l'église appartenant au XIVe ont subi des transformations successives qui donnent plutôt aujourd'hui à cet édifice le caractère d'une construction du XVe siècle. La tour est du XVIe siècle.

La longueur de l'église est de 51 mètres, sa largeur de 16 mètres et la hauteur de sa nef d'environ 14 mètres sous sommiers. Les bas-côtés sont voûtés, ornés, à la réunion des nervures, de pendentifs variés ; le transept est également voûté ; deux chapelles latérales, à droite et à gauche, sont fermées par des clôtures en pierre, à jour, à meneaux et fenestrages du XVIe siècle, offrant beaucoup d'intérêt et dont il importe de ne pas négliger la restauration.

Quand la voûte de la nef principale aura été mise en harmonie avec le caractère de ses piliers et de ses fenêtres, et que la lumière sera répandue abondamment dans cette église à travers les vitraux coloriés des bas-côtés, du chœur et de la rosace, l'effet de ce beau vaisseau acquerra certainement le caractère imposant dont ses architectes primitifs ont posé les bases, et que ne feront qu'accroître les conditions d'étendue et de bonne distribution générale de cet édifice.

Puisque l'église de Blangy est en ce moment l'objet de mes réflexions, complétons tout de suite ce qui la concerne par quelques renseignements statistiques.

Il résulte des documents officiels (1), qu'en 1683, l'église Notre-Dame possédait, indépendamment de son prieur-curé, trois prêtres : un vicaire, nommé Pierre Poulain, un chapelain de la Charité, M. Beausire, et M. Charles Bonté, alors âgé de soixante-huit ans, et qui appartenait à cette église depuis quarante ans.

Les prieurs-curés ont été ensuite, successivement :

En 1698, Mess. Theroude ;

En 1745, Mess. Marc-Antoine Dupuich ;

En 1746, Mess. Guillaume-Louis Henin, appelé depuis au prieurat d'Eu ;

En 1759, Mess. Jean Vernier ;

En 1793, Mess. Défau.

(1) *Voir* aux Pièces justificatives.

Pendant la Révolution, l'église de Blangy a eu pour curés :

Un ecclésiastique du nom de Marcatel, et M. Hébert, de Blangy.

A l'époque de la restauration du culte, l'administration de la paroisse a été confiée régulièrement à MM. Feuilloy, curé, et Delozier, vicaire.

M. Feuilloy, décédé en 1807, fut remplacé, comme curé, par M. Delozier, qui eut pour vicaires, originairement, M. Léger, décédé en 1809; M. Chantcrel et M. Tourmente, qui ne restèrent à Blangy que durant peu de temps, et M. Gelée, qui, entré en fonctions en 1813, les a conservées pendant trente-neuf ans, c'est-à-dire jusqu'en 1852. Ce respectable ecclésiastique, qui s'est acquis la notabilité la plus haute et le respect le plus profond dans le pays, est resté prêtre habitué à Notre-Dame de Blangy, au sein de la population qu'il a vue naître et grandir, et à laquelle il semble, Dieu merci ! appelé à témoigner longtemps encore une affection justement partagée.

M. Delozier, dont les éminentes qualités étaient aussi bien appréciées, est mort en 1836, et a été remplacé, la même année, par M. Dumouchel, théologien distingué, décédé lui-même en 1858.

Aujourd'hui, le doyennat de Blangy est possédé par M. l'abbé Talbot, qui a pour vicaire M. l'abbé Lecœur, de Montchaux, successeur direct de M. Gelée.

Les membres en exercice du conseil de fabrique sont : MM. P. Courtin, F[ic] Margry, M[ce] de Bommy, Letailleur et Duval.

Hôtel-de-Ville. — Il est probable qu'autrefois, la maison du bailli servait d'hôtel-de-ville, et offrait des proportions plus convenables que le local qui servait au même usage il y a quelques années à peine. C'était une simple construction en appentis, adossée de chaque côté à l'église et à la halle, et où l'on accédait, à la hauteur du premier et unique étage, par un escalier ouvert sur cette halle, en face de la place principale. Les lieux sont présents encore à mon souvenir. Enfant, j'y ai pendant quelque temps été employé comme copiste, sous la direction de M. Brossard d'Alban, greffier titulaire de la mairie, de plus, débitant de tabac, receveur-buraliste des contributions indirectes ; de plus encore, passionné chasseur, à ce titre ami et un peu rival de mon père. Bon nombre d'actes de naissance, de mariage et de décès sont, à cette époque, transcrits de ma main sur les registres de l'état-civil (1) ; mais cette *chambre de mairie* a disparu depuis cinq ans, en même temps que le bâtiment disgracieux et hétérogène qui la contenait.

(1) On excusera, je l'espère, ces détails tout personnels dans un ouvrage écrit par un Blangeois, et qui ne saurait guère être lu avec intérêt que par des Blangeois.

La gendarmerie, placée à loyer dans la grande rue, dans les bâtiments d'une ancienne tannerie, réclamait aussi un local plus vaste et mieux approprié aux besoins. La ville fit l'acquisition d'une propriété voisine de la halle, et aujourd'hui s'élève à cet endroit un bâtiment convenable qui sert tout à la fois d'hôtel-de-ville et de caserne pour la brigade de gendarmerie à cheval.

Depuis la création des municipalités, Blangy a eu pour maires et adjoints les notables ci-après désignés :

En l'an VIII, M. Pascal Cuvellier, apothicaire, était investi des fonctions de maire.

Le 20 mai 1800 furent nommés :

Maire, M. Jacques Méhallet, juge-de-paix ;

Adjoint, M. Antoine Hébert.

Du 25 mars 1813 au .... 1826, la mairie fut confiée, avec le même adjoint, à M. Pierre-Louis-Edouard Hesnard, notaire. En 1826, il donna sa démission, et M. Levaillant de Longbosc ou Longdubosc fut appelé à le remplacer. Sur le refus de ce dernier, motivé par ses infirmités, M. Daillier (Jean-François-Marc), accepta la mairie qu'il avait gérée dans les derniers temps comme adjoint.

Depuis, la mairie de Blangy a été successivement possédée par :

MM. Bucquet (Jacques-François), 1831 ;

Daillier (susdit), 1833 ;

MM. Lemagnent (Stanislas-Jean-Gabriel), de 1834 à 1842, époque de sa mort;
Daillier (susdit), de 1842 à 1845.

Aujourd'hui, l'administration municipale est confiée à :
M. Hubert (Pierre-Charles-Frédéric), maire;
M. de Bommy (Ferdinand), adjoint,
nommés le 21 juillet 1845, et investis de nouveau par décret du 14 juin 1855.

Les conseillers municipaux, au nombre de seize, ont été nommés aux dernières élections, dans l'ordre suivant :
MM. Richebraque-Gavelle ;
Daillier aîné, décédé en 1859, remplacé depuis par M. De la Campagne;
Lasnel (Edouard) père;
Fréchon (Auguste);
Bataille (Victor);
Legras (Charles-Henri);
Courtin (Prudence);
Buquet (Hyacinthe);
Hébert aîné;
Coussin (Désiré);
Beaufils-Cayeux;
Margry (Frédéric);
Hubert (Frédéric);
De Bommy (Ferdinand);
Dajon (Eugène);
Cordier-Joly.

La justice de paix a été confiée successivement à :

MM. Méhallet, de 1790 à octobre 1795;

Faisant, de 1795 à février 1802;

Delamare, de 1802 à juin 1824;

Vaucquet, de 1824 à septembre 1830;

Levilain, de 1830 à juin 1855;

Baudoult d'Hautefeuille, juge-de-paix actuel, depuis cette dernière époque.

Les greffiers de justice de paix ont été :

MM. Duquesne, en 1790;

Bocquet et Hébert } jusqu'en 1802;

Buquet père, de 1802 à 1830;

Buquet fils, qui a succédé à son père en 1830, et qui est encore en fonctions aujourd'hui.

Les huissiers :

MM. Bury, jusqu'en 1813;

Hubert, de 1813 à 1844;

Vigneron, de 1844 à 1855;

Boulenger, actuellement en exercice.

Les receveurs de l'enregistrement et des domaines ont été :

De l'an VII à 1818, M. Vauquet;

De 1818 à 1826, M. Miocque;

. . . . M. Debau;

De 1826 à 1833, M. Cavelier de Maucomble;
De 1833 à 1836, M. Juhellé (à présent directeur);
De 1836 à 1840, M. Rouvière;
De 1840 à 1843, M. Lecomte-Thomassin;
De 1843 à 1849, M. Beau;
De 1849 à 1853, M. de Gournay;
De 1853 à 1858, M. Despierre,
De 1858........ M. Saintaraille.

Inspecteurs des forêts :
M. Estancelin, sous la duchesse douairière d'Orléans;
M. de Marisy, sous le duc d'Orléans;
M. Seguret, sous Louis-Philippe, à dater de 1830;
M. Périer, sous le même régime, jusqu'à la prise de possession du Domaine d'Eu par l'Etat, en 1849.

Ensuite, l'inspection de Blangy a été successivement confiée à MM. Gussot, Gallot et Auger, ce dernier actuellement en exercice.

Notariat :

Les minutes du notariat de Blangy remontent à 1537; quelques-uns des anciens tabellions sont cités dans les documents qui ont été analysés dans le cours de cette notice.

La famille Hesnard a exercé la fonction du notariat sans interruption, depuis 1700 jusqu'en 1826. A cette dernière époque, le notaire de Blangy était M. Pierre-Louis-Edouard Hesnard, qui était en même temps maire.

Puis figurent, comme notaires :

MM. Roussel, de 1826 à 1835;
Plessis, de 1835 à 1839;
Feuilloy, de 1839 à 1844;
Levaillant de la Fieffe, de 1844 à 1859.

M. Levasseur est en fonctions depuis cette dernière époque.

Agriculture. Industrie. — Le sol de Blangy est, à l'intérieur, un fond d'argile calcaire sur lequel des débris de toute sorte, de la tannée, les détritus des matières végétales déposées par la Bresle, ont formé un sédiment très fertile. A l'extérieur, ce sol, également à base argilo-calcaire, est devenu, par la culture et les amendements continuels, une sorte de compost où les céréales, les fourrages, les arbres à fruit et les légumes trouvent de convenables aliments. En général, la terre de Blangy, sans être aussi *forte* que celle du plateau de la Picardie, est pourtant plus résistante et moins perméable que celle des contrées du pays de Bray qui s'étendent en plaine vers le sud.

Aussi les récoltes en blés, orge, seigle, avoine, fourrages de toute sorte, y sont-elles communément assurées et d'un bon rapport lorsque les conditions climatériques ne présentent rien d'exceptionnel. Seuls, les coteaux qui avoisinent la forêt vers le sud et le sud-ouest ne donnent que des récoltes peu abondantes, à cause de leur base crayeuse et difficile à labourer.

Depuis quelque temps, on cultive avec succès, aux environs de Blangy, du chanvre, du lin, des plantes oléagineuses et des betteraves qui sont, aujourd'hui plus qu'autrefois, employées pour la nourriture des vaches, quoique les cultivateurs et éleveurs pensent que cette nourriture produit de moins bon laitage et de la viande moins délicate que l'alimentation ancienne en herbe et en fourrages herbacés, denrées qui, en effet, contiennent à poids égal une plus grande quantité de sucs assimilables.

Les habitants des hameaux dépendant de Blangy, et quelques-uns de ceux qui résident dans l'intérieur, se livrent à l'agriculture. Le nombre d'animaux qui y sont employés était, au dernier recensement (1857), de 1,336, dont 217 chevaux. On ne se sert pas de bœufs de trait ou de labourage. On y comptait 3 taureaux, 198 vaches et génisses, 87 veaux d'élève et de boucherie, 532 moutons, 299 porcs, 20 chèvres. La volaille y est abondante ; l'élève de ce produit est, avec la vente des œufs, la principale ressource d'un grand nombre de petits propriétaires ou fermiers qui n'ont que peu de terrain de culture.

Un hectare de terre labourable, de première qualité, se vend 4,800 fr., et se loue sur le pied de 120 fr. La seconde classe, 4,000 fr.; location, 100 fr. La troisième classe, 3,200 fr. ; location, 80 fr. Les bonnes prairies de la vallée sont recherchées et se louent à un prix moyen plus avantageux.

Blangy n'a pas de sources d'eau minérale ou ferrugineuse ; du reste, il n'en a nul besoin, en présence de l'excellente eau de la Bresle dont toute la vallée peut user avec profusion pour les besoins de la culture et de la consommation des habitants.

En 1846, un puits artésien a été foré dans l'établissement de la brasserie de bière. L'eau a été atteinte à 35 mètres de profondeur à travers plusieurs couches de glaise et de glauconie (sable vert). Cette eau jaillit, limpide et abondante, à 11 mètres au-dessus du sol ; elle est parfaitement potable.

Prix des principales denrées de consommation.
(*Mercuriales de* 1859-60).

Le pain de 1re qualité vaut (le kilog.) . .	0^f^	24^c^
— 2e — — . .	»	20
La viande de bœuf ou vache — . .	1	20
— de mouton. . . . — . .	1	30
— de veau . . . . . — . .	1	»
— de porc . . . . . — . .	1	40
Un poulet	1	25
Une oie.	2	50
Un dinde (poule d'Inde).	5	»
Un canard.	1	50
Un pigeon.	»	60
Le 1/2 kilog. de beurre.	1	»
Œufs (la douzaine).	»	60

Pommes de terre (le litre).	» 07
Haricots et fèves —	» 30
Poids secs. . . . —	» 30
Gibier : un lièvre.	2 50
un lapin.	1 25
un perdreau	1 »
un canard sauvage.	1 25
Gibier à plume, de petite espèce. . . .	50c à 75
Bière ordinaire (le litre)	20

Salaires. — Les gages annuels d'un domestique de ferme sont, indépendamment de la nourriture, pour un homme, de 250 fr. ; pour une femme, de 100 fr.

Le prix moyen de la journée d'un bon ouvrier journalier agricole, lorsqu'il est employé toute l'année ou une grande partie de l'année dans la même maison, est de 2 fr. ; il s'élève à 2 fr. 25 quand l'emploi est restreint à une ou plusieurs journées.

Pour un maçon, un charpentier, un menuisier, un serrurier, un forgeron, maréchal ou charron, le prix moyen de la journée est de 2 fr. 25.

Le bûcheron, en forêt, gagne un peu moins, mais il recueille, à son profit, quelques branchages et copeaux.

Le salaire des femmes, ouvrières en couture, lingerie, etc., est, par jour, de 1 fr., indépendamment de la nourriture.

Les femmes de ménage que l'on emploie accidentellement gagnent, nourries, de 50 à 75 cent. par jour.

Industrie. — Blangy, qui possédait autrefois une industrie principale assez renommée, la fabrication des étoffes feutrées et le foulage des draps, n'a guère aujourd'hui gardé, de ses anciennes conditions de travail, que la tannerie et la corroyerie qui y avaient pris aussi une certaine importance dès le XVe siècle. Sous ce dernier rapport, et à défaut de débouchés convenables, les produits ne peuvent plus lutter avec ceux de Saint-Saëns et de Pont-Audemer.

Il s'y trouvait, il y a peu d'années, une manufacture de produits chimiques, à laquelle est substituée en ce moment une usine qui prend d'assez grands développements, et qui fait concurrence au grand établissement de la ville d'Eu pour le débit des bois de construction : c'est la scierie mécanique de MM. Warral et Cie. Vingt-deux ouvriers y sont employés, indépendamment des personnes qui font le charriage des bois en grume tirés des forêts voisines, des bois du Nord et du charbon venant par la voie du Tréport.

L'établissement expédie par Abbeville (chemin de fer du Nord) des bois de chêne équarris pour les constructions maritimes. Depuis un an, il a reçu d'Angleterre 6 navires chargés de charbon, de Norwège 6 navires de bois du Nord, et 2 navires d'ardoises d'Angers. La somme payée pour l'apport et l'expédition de ces divers produits s'est élevée à 22,000 fr.

Il y a une savonnerie qui emploie 4 ouvriers et fournit une quantité encore assez considérable de produits estimés, quoique l'importance de cette usine paraisse avoir beaucoup diminué depuis quelques années. Cette fabrique de savon appartient à M. Fréchon. Elle a dû sa création et ses principaux développements à l'honorable M. Cuvellier, ancien maire de Blangy.

Une fabrique de tissus employant 66 métiers, dirigée par M. Payenneville.

Une brasserie de bière (M. Lebreton) qui, avec ses 4 ouvriers, fournit à la consommation 2,000 hectolitres de bière par an.

Un moulin à huile, à 4 pilons, dont l'alimentation varie selon les saisons.

Sept moulins à farine (faisant de blé farine, comme on disait en vieux langage tabellionnal), qui reçoivent chaque année, en moyenne, un million 240,000 kilog. tant blé que mouture.

Une filature de coton établie sur la Bresle, à Hottineaux. Elle emploie, en moyenne, 60 ouvriers.

Cette usine appartient à M. Fruictier.

Deux moulins à tan, dont l'un, nommé *le Moulin de la Ville,* appartient à M. Bos, qui, par crainte superstitieuse de ce monstre curieux, mais inoffensif, qu'on appelle *la statistique*, a cru devoir céler tout renseignement sur ses produits.

Quant à l'autre moulin, qui appartient à M. Lasnel, il bat et transforme annuellement en tan 4,000 bottes d'écorces. Son produit peut être évalué, aussi par an, à 12 ou 1,500 francs. Toutes ces écorces sont tirées à peu de frais des exploitations forestières environnantes.

Le tan, après qu'il a servi à la préparation des cuirs dans les fosses de tannerie, est utilisé encore de deux manières : on en fait, à l'aide d'un moule en fer, des *mottes* compactes qui, séchées à l'air dans des locaux *ad hoc*, servent de combustible pour les pauvres foyers. Le prix de ces mottes est très peu élevé.

Enfin, les débris des fosses entrent utilement, sous le nom de *tannée*, dans la composition des terres pour le jardinage, et servent même, en guise de sable, pour couvrir les allées des jardins, où leur odeur pénétrante doit avoir la propriété d'éloigner les insectes des plates-bandes.

La fabrication des sabots et des bois à galoches occupe environ 60 personnes habitant les hameaux voisins de la forêt; la commune de Rieux a même un atelier spécial assez important pour cette fabrication.

L'exploitation et le charriage des bois emploie ordinairement 25 voitures et 40 à 50 personnes.

Viennent ensuite toutes les petites professions se rattachant au commerce de détail, à la consommation des denrées alimentaires, à la construction des bâtiments, etc., professions dont les principales sont : l'épicerie et la mercerie, la vente de la poterie commune, la fabrication de la brique et de la tourbe de tan, la pêche dans la Bresle, qui produit, comme je l'ai dit plus haut, d'assez constants bénéfices; la quincaillerie, dont il n'y a pas de fabrication notable dans la contrée, mais qui, par la revente pour la consommation intérieure, trouve des débouchés assurés.

N'oublions pas la fabrique de *pain-d'épices*, qui est spéciale à Blangy, et dont quelques familles sont en possession depuis longtemps.

Cette petite industrie emploie une vingtaine de personnes, et atteint annuellement à un chiffre de vente qui suffit pour les rémunérer. Le pain-d'épice sec de Blangy a une certaine renommée dans les contrées environnantes. Il ne se fait nulle part ailleurs dans la même forme ; il est cassant, circulaire, mince comme une feuille de carton léger, et d'une étendue variable. On le façonne, à l'aide du rouleau, avec un mélange de farine de froment et de seigle, auquel on ajoute du miel. Cette pâtisserie délicate se vend aux foires, aux marchés, aux fêtes patronales des environs; c'est l'accessoire obligé des divertissements des jeunes gens, qui achètent ordinairement par douzaine cette friandise pour l'offrir à leurs *danseuses*, à la suite des quadrilles champêtres.

Celles-ci n'estiment pas précisément le goût du pain-d'épice; c'est, dans leurs mains, au retour, comme le bouquet du bal, la preuve qu'elles ont trouvé un ou plusieurs *cavaliers*. Plus la provision de pain-d'épice est abondante, plus le témoignage de ce succès rustique est envié et honoré.

Le cidre est aujourd'hui la boisson ordinaire des

ménages. Les crûs des pommiers sont assez variés, mais généralement bons. Chaque propriétaire brasse lui-même ses provisions, dont l'excédant est vendu soit dans le pays, soit même pour l'exportation. C'est une des grandes ressources de la population, qui a coutume de dire qu'une année de cidre est une année d'abondance. On sait que les pommiers ne donnent ordinairement qu'une bonne récolte en trois années.

La bière provenant de la brasserie de Blangy se consomme aussi en partie dans le pays, mais plus particulièrement dans les cafés et cabarets. Elle est limpide, légère, très mousseuse et excellente. Autrefois, la culture du houblon à Blangy (j'ai vu encore, il y a vingt ans, une houblonnière près de la grande route) donnait un plus grand aliment à cette fabrication. Au commencement du siècle, Blangy possédait plusieurs brasseries de bière; il y avait, du moins, un établissement de ce genre au faubourg Saint-Denis.

En remontant quelques siècles plus haut, on rencontre la culture de la vigne sur les coteaux. Le vin, à cette époque, luttait avec la cervoise (bière) pour satisfaire à l'alimentation ordinaire des habitants. Mais depuis bien longtemps cette culture est abandonnée, bien que certains jardins particuliers produisent encore d'excellent raisin assez précoce. La tradition de la culture de la vigne à Blangy se retrouve encore dans une coutume dont je parlerai au chapitre suivant.

Foires et Marchés. — Blangy a trois foires :

1° Le dernier lundi de mars;

2° Le troisième mercredi de juillet;

3° Le dernier lundi de septembre.

La seconde a conservé le nom de : *Foire-aux-Loques,* ou, dans le langage du pays, *Marché-aux-Loquettes,* mais il ne s'y en vend presque plus.

Autrefois, les paysans de la Picardie venaient là acheter, pour quelques pièces de monnaie, les vieux vêtements des habitants de Blangy, que leurs ménagères avaient restaurés de leur mieux pour la circonstance. A ces trois foires, on vend principalement des chevaux, vaches, moutons, porcs, volailles, des étoffes, de la quincaillerie et de la bimbeloterie.

La ville avait, en outre, trois marchés par semaine : le lundi, le mercredi et le vendredi. Les deux premiers ont été annihilés et se sont fondus avec le dernier qui a conservé quelque importance. Il s'y fait des transactions sur le blé, le seigle, l'orge, l'avoine, les fourrages, les volailles, œufs et beurres, et en général sur toutes les denrées de l'agriculture. Le nombre des sacs de blé qui y sont mis en vente est de 3 à 400 en moyenne, sans compter les grains inférieurs. Le troisième mercredi de chaque mois, le marché ordinaire de ce jour devient le grand marché ou *franc-marché,* où il se trouve beaucoup de bétail. La veille de ce grand marché, on vend des vaches grasses pour la boucherie des environs et pour celles d'Abbeville et d'Amiens. C'est seulement par habitude que l'on continue à lui donner le titre de *franc-marché*, puisqu'il y est perçu, au profit de la ville, des droits de place, de pesage, mesurage et stationnement. Malgré ces droits, le grand marché est loin de perdre de son ancienne importance : on y trouve ordinairement jusqu'à 5 ou 600 sacs de blé, non compris un notable approvisionnement d'autres grains, tels que seigle, orge, sucrion, avoine, etc.

Tous ces établissements commerciaux qui, probablement, comme tous ceux du même genre, ont pris naissance autrefois à l'occasion de pèlerinages ou autres solennités religieuses qui attiraient à Blangy une grande affluence de personnes du dehors, étaient considérables au XVIIe siècle. Le franc-marché du troisième mercredi avait spécialement encore une très grande importance au siècle dernier (1). Ils prouvent la haute antiquité et l'ancienne importance de Blangy.

Les marchés et foires aux chevaux sont encore aujourd'hui assez notables; ils l'étaient davantage autrefois, sous l'empire de la Coutume de Normandie qui accordait aux transactions sur ces animaux une garantie de trente jours, pendant lesquels les acheteurs pouvaient exercer l'action redhibitoire. Il n'était pas rare alors que le grand marché et les abords de la ville fussent insuffisants pour les convois de chevaux qui y arrivaient

(1) *Histoire de Rouen*, Oursel, 490.

de tous les points de la Picardie, et qui pouvaient être évalués au nombre de 600 par marché.

Mais les usages locaux qui donnèrent lieu, en 1832, à un procès sur les conditions de garantie, se sont successivement modifiés, de telle sorte que, vers l'époque qui vient d'être indiquée, le marché aux chevaux se tenait principalement dans un lieu voisin du territoire de Blangy, et dépendant du département de la Somme (le marais de Bouttencourt). Le maire d'alors, M. Hesnard, cédant aux réclamations des aubergistes et débitants de Blangy, crut devoir requérir l'assistance de la force publique pour obliger les marchands de chevaux picards à passer la Bresle, et à tenir leurs transactions sur le territoire du marché. Il y eut résistance. Les vendeurs désertèrent en grande partie le pays, et ils firent si bien, aidés en cela par des influences de clocher, qu'un marché aux chevaux finit, malgré l'opposition de la rive gauche de la Bresle, par être créé à *Oisemont*, petite bourgade de la Somme, située à 12 kilomètres de Blangy. Telle est la cause apparente de la décadence du marché aux chevaux de Blangy, qu'on pourrait, toutefois, tenter, peut-être avec succès, de ranimer par des concours périodiques, des délivrances de primes, et surtout des concessions partielles de franchise sur les droits de stationnement.

Le montant du rôle des patentes de la ville, pour 1860, s'élève à peu près à 7,600 fr. Il se répartit entre 189 établissements principaux et 37 établissements secondaires, et s'applique à 192 personnes, ce qui représente un peu plus du dixième de la population totale.

Il m'a paru intéressant de faire le dénombrement de ces établissements et industries patentés. C'est le moyen d'apprécier exactement la nature des ressources et des travaux de la classe laborieuse.

Industrie du fer :

Clouterie, fabriques d'instruments d'agriculture 2
Horlogers 2
Maréchaux-ferrants 3
Serruriers 5
Marchand de fer 1

Industrie du bois :

Scierie mécanique 1
Fabricant de bois à galoches 1
Tourneur en bois 1
Charpentier 1
Charrons 4
Menuisiers 3
Tonneliers 2
Ferblantiers 3
Marchand de bois 4

Constructions :

Briqueteries 2
Entrepreneurs de bâtiments 5

Maîtres maçons	2
Couvreurs en ardoises.	2

Industrie de l'alimentation :

Brasserie de bière.	1
Moulins à farine	7
— à huile.	1
Fabrique de pain-d'épices	1
Boulangers	7
Bouchers	7
Charcutier.	1
Marchands de grains.	1
— de poisson	3
— de vin en gros	1
— de fromages	1
Aubergistes, logeurs	4
Cafetiers	11
Epiciers.	8
Cabaretiers	13

Industrie des tissus :

Filature de coton.	1
Fabrique de ouate.	1
Blanchisserie de fil	1
Fabrique de tissus (66 métiers)	1
Teinturerie pour la fabrication.	1
Retordeur de fil à la mécanique	1
Cordier	1

Marchands de modes	1
— de nouveautés	2
— de laine filée.	1
— de tissus	4
Lingers, confection	2

Industrie chimique :

Fabrique de savons	1
Distillateur	1
Teinturier pour les particuliers	1

Industrie de luxe :

Fabrique de fleurs artificielles	1
Marchand de papiers peints	1

Industries diverses :

Tanneries.	4
Corroyeries	3
Mégisseries	2
Moulins à tan	2
Bourreliers	4
Cordonniers, bottiers	6
Tailleurs d'habits.	5
Maréchal-vétérinaire	1
Perruquiers, barbiers.	4
Entrepreneurs de diligences	2
Voituriers	8
Marchands forains avec voitures.	4

Marchands de porcelaines 2
— de chevaux 1
Merciers 6
Marchand de charbon de terre. 1
Escompteurs. 3

Il est à remarquer que plusieurs des patentés réunissent chacun deux et quelquefois trois professions ou industries.

Contributions directes (1860). — 352 propriétaires paient une contribution foncière de (en principal). . . . . 14,302f »

Le revenu imposable, d'après le cadastre, à cette contribution, est de. . . 71,926 »

Il y a 482 cotes personnelles, 393 cotes mobilières, et 289 cotes de portes et fenêtres.

Le montant en principal de la contribution personnelle et mobilière est de . 6,438 »

Celui de la contribution des portes et fenêtres, de. . . . . 3,810 »

pour 80 portes cochères et 4,025 portes et fenêtres. Le nombre des maisons imposées à la contribution des ouvertures (les bâtiments ruraux en sont exempts) est de 190, dont 3 à une ouverture, 17 à deux ouvertures, 47 à trois, 43 à quatre, et 80 à cinq ouvertures.

Dans ces contributions, la part de l'Etat est de . . . . 15,592[f] »

Celle du département, de . . . . . 5,445 »

Celle de la ville, de. . . . . 3,062 »

Propriétés communales. — Marais. — Jouissance en commun. — Droits d'usage en forêt. — Le budget de la ville, pour 1860, porte ses ressources ordinaires à . . . . 22,400[f] »

Ses ressources extraordinaires s'élèvent à. . . . . 2,440 »

La ville, dans ces dernières années, malgré la construction de son hôtel-de-ville et de la caserne de gendarmerie, a pu faire des économies, dans la prévision, sans doute, de la dépense considérable qu'elle est obligée d'effectuer aujourd'hui pour la restauration de son église.

La première source de ces économies et de l'accroissement normal de son budget de recettes remonte à une excellente mesure qui a été poursuivie avec persévérance pendant plusieurs années par le maire, M. Lemagnent, ancien receveur des contributions indirectes, décédé en 1841. Autrefois, les habitants de Blangy, Nesle et Neslettes, jouissaient en commun d'une très grande prairie connue sous le nom de *Marais*, et qui n'était en effet, à défaut de soins, qu'un marais improductif et insalubre, où les bestiaux ne trouvaient qu'un pâturage de médiocre qualité, et qui, irrigué au hasard par les crues de la Bresle qui y laissaient des eaux stagnantes, tendait de plus en plus à devenir inabordable.

M. Lemagnent, en administrateur habile, commença par provoquer et finit par obtenir le partage de ce marais. Une délimitation eut lieu (1); les canaux de la Bresle reçurent des curages convenables, de nombreux canaux d'irrigation furent pratiqués et entretenus chaque année. Tout autour du marais, on planta des peupliers, des aulnes et autres arbres d'essence aquatique. L'usage, le parcours du marais furent réglementés. Aussi, en peu d'années, le sol se consolida; son produit en herbages devint meilleur, les arbres grandirent; aujourd'hui, c'est une excellente prairie, dont la ville tire plusieurs sortes de revenus importants :

D'abord, la taxe annuelle de pâturage, de 6 fr. par vache, et 10 fr. par cheval, qui produit .	3,800f	»
Puis le prix du foin et celui de la ferme des ébranchages et d'un certain nombre de pieds d'arbres déjà arrivés à maturité.	4,000	»
Ensemble en moyenne, par an. .	7,800f	»

(1) Cette propriété communale est d'une étendue totale de 71 hectares 05 ares 93 centiares, divisée ainsi :

Portion de l'ancien marais, transformée en prairie..	20 h	63 a.	60 c.
Portion laissée pour le pâturage commun. .	44	84	73
Petit marais de Fontaine, transformé aussi en prairie.	5	57	60
Total.	71 h.	05 a	93 c.

Les droits de place aux hâlles et marchés, de pesage, mesurage, etc., produisent, de leur côté. 4,945f »

En somme, il y a, dans la situation financière de Blangy, de notables éléments de prospérité qui ne peuvent que s'accroître sous l'administration actuelle (1).

Droits d'usage. — Il ne faut pas omettre de mentionner parmi les sources de bien-être de la population, et ses propriétés les plus précieuses, les anciens droits d'usage de Blangy dans la forêt d'Eu, droits dont elle a eu le plein exercice pendant une longue suite d'années; dont elle a, notamment, profité pour la reconstruction de ses nombreuses maisons détruites par l'incendie de 1733, et que l'administration municipale avait pris à tâche de lui faire restituer il y a quinze ans. Diverses circonstances, parmi lesquelles on doit tenir compte de la mort de M. Lemagnent; les difficultés et les dépenses d'un procès à soutenir; la dépossession de la famille d'Orléans, qui a fait rentrer la forêt d'Eu dans le domaine de l'Etat, ont laissé en suspens les effets de cette revendication qui vient tout récemment d'être reproduite auprès de l'administration supérieure.

Ces droits, au fond, sont incontestables. Ils ont une origine analogue à celle des usages de Réalcamp, Dancourt, Caule-Sainte-Beuve, Saint-Riquier-en-Rivière, Rieux et autres communes auxquelles ils ont été rendus dans ces derniers temps. Cette origine, on la trouve en

(1) *Voir* ci-après le tableau détaillé des Ressources de la ville.

termes clairs et précis dans les contrats de concession, les aveux passés entre les habitants et les propriétaires ou possesseurs du sol forestier (1). Il ne s'agit pas là de ces libéralités à titre essentiellement précaire, de ces mouvances féodales que les lois de la Constituante ont voulu abolir, parce qu'elles entraînaient des priviléges qui heurtaient la nouvelle raison légale d'égalité et le droit commun. Les habitants avaient prêté leurs services agricoles et militaires aux seigneurs. Souvent, ils étaient venus, à son appel, d'une autre contrée, en qualité de pionniers, pour le défrichement et la culture du sol. En échange, les propriétaires de ce sol, dans la vue de les retenir sur leurs terres, d'en accroître la population d'une manière permanente, de créer dans la contrée des industries nouvelles, et surtout d'assurer l'alimentation publique par l'accroissement de la culture des céréales, ont formellement concédé à ces populations la perpétuité des droits d'user à leur profit des produits de la forêt, dans des conditions déterminées. Tel est le principe de la juste revendication que l'on ne doit pas désespérer de voir enfin triompher.

Situation financière de la ville. — Le budget de 1860 constate que la ville de Blangy possède,

en revenus ordinaires	22,399f 38
En ressources extraordinaires	2,431 93
Ensemble. . . .	24,831 31(2)

(1) *Voir* les pièces transcrites au chapitre précédent.

(2) De 1763 à 1772, les revenus de la ville variaient entre

Les dépenses ordinaires, ou ayant un caractère de perpétuité annuelle, prélèvent sur ces ressources une somme de près de . . . . 16,000f »

En 1860, les dépenses extraordinaires, dont la plus grande partie, d'ailleurs, prendra fin avec l'exercice, sont évaluées à 8,879 »

De sorte qu'abstraction faite des dépenses éventuelles qui, comme celles des contingents pour les routes nouvellement créées, de la construction de l'hôtel-de-ville et de la restauration de l'église, n'ont qu'une durée temporaire, on peut dire qu'en moyenne, les ressources de l'organisation municipale, étant gérées avec économie, peuvent dépasser annuellement de 5 à 6,000 fr. les dépenses normales.

Cette bonne situation financière peut, dans un temps donné, permettre, sans faire de nouveaux appels à la contribution extraordinaire, d'entreprendre, à Blangy, quantité de travaux et d'améliorations progressives, au nombre desquels on aimerait à voir figurer :

360 livres 16 sous et 357 livres 12 sous. Il n'existait ni tarifs, ni octrois. Les charges annuelles consistaient dans : le renouvellement du grand relais; l'entretien de *onze* ponts; l'entretien de l'horloge et les gages du conducteur; les vingtièmes deniers à payer; le logement et le chauffage du prédicateur d'Avent et de carême; les réparations de l'hôtel-de-ville et de la prison. (Etat des revenus patrimoniaux fournis à la Généralité de Rouen les 26 février 1763 et 12 mai 1772. — *Archives départementales*.)

L'établissement de ruisseaux pavés et les travaux d'alignement des rues les plus négligées ;

La construction de barrières ou lisses le long des canaux intérieurs ;

L'isolement complet de l'église restaurée ;

L'établissement de trottoirs dans les principales rues ;

La formation d'une bibliothèque ;

L'ouverture de concours agricoles, avec distributions de primes, afin de restituer aux marchés aux chevaux et aux bestiaux leur ancienne prospérité, etc., etc.

Mais un dépouillement des articles principaux du budget de 1860 précisera, mieux que des indications générales, les bases de la prospérité future que cette ville peut encore espérer d'acquérir.

Ressources principales :

5 Centimes additionnels ordinaires	610f	5,391f »
Attributions sur les patentes . .	378	
— sur les amendes de police . . .	100	
Impositions pour chemins vicinaux	1,049	
Prestations en nature . . .	2,994	
Imposition pour l'instruction primaire	260	
A reporter		5,391f »

Report.		5,391[f]	»
Produit de l'impôt sur les chiens	542	742[f]	»
Produit des ports d'armes de chasse	200		
Propriétés :			
Loyers de maisons et usines .	1,200	2,305	»
Prix de ferme de biens ruraux.	725		
Concessions dans le cimetière.	180		
Concessions de terrain pour alignement	200		
Produits divers :			
Taxe de pâturage.	3,800	13,233	»
Droits de place, pesage, mesurage, stationnement. . .	4,945		
Produit de l'enlèvement des boues	150		
Rentes sur l'Etat.	163		
Intérêts de fonds placés à la caisse de service.	100		
Location de la pêche	75		
Vente de fruits et herbes. . .	4,000		
		21,671[f]	»

Or, je le répète, les frais de gestion et d'administration proprement dits ne s'élèvent qu'à environ

16,000 fr. Dans cette somme, la plus grande part est affectée aux traitements : du receveur municipal, du greffier de la mairie, du garde-champêtre, de l'appariteur-tambour-afficheur, de l'instituteur, des préposés à la garde des bestiaux au marais, à l'entretien des rues et places, à l'entretien des marais, prairies et cours d'eau. Le surplus consiste dans les dépenses occasionnées par l'entretien des propriétés communales, l'éclairage, l'entretien des chemins et rues, les contributions.

Hospice et Bureau de bienfaisance. — Les fondations faites en faveur des deux établissements de bienfaisance de Blangy leur permettent de secourir convenablement les malades, les vieillards et les indigents. L'espèce de connexité qui existe entre l'administration communale et l'administration de l'assistance, au moyen de la tenue de l'école des filles par une religieuse que subventionne la ville, et de l'affectation d'une autre de ces dames à la surveillance à domicile de l'emploi des secours du bureau de bienfaisance, produit d'excellents résultats.

Les dépendances de l'hospice sont convenables. Il possède un beau jardin près de la rivière, des salles bien aérées, un atelier nouvellement construit, ainsi qu'une salle d'école et une petite chapelle.

Sa dotation dépasse 7,500 fr., le budget de 1860 la porte à 7,540 fr. 75, répartie ainsi :

Fermages de biens ruraux.	4,147 f »
Rentes sur l'Etat.	2,541 »

Rentes sur particuliers.	114 f 56
— sur communes.	120 »
Intérêts de fonds placés au Trésor. . . .	60 »
Journées de militaires.	100 »
Produits de travaux dans l'établissement.	140 »
Subventions de la ville pour l'instruction des filles.	450 »

L'hospice de Blangy est en outre en possession du droit de prendre annuellement, dans la forêt d'Eu, 1,500 bûches de bois pour son chauffage.

La délivrance de cet affouage lui ayant été retirée à la suite de la révolution de 1793, les administrateurs de l'hospice réclamèrent en 1806. Par décision du Ministre des finances, du 31 octobre 1807, le droit fut maintenu, et un arrêté de préfecture du 10 novembre 1853, homologué par une autre décision ministérielle du 2 septembre 1854, le confirma de nouveau. Il est aujourd'hui exercé sans difficulté, et la délivrance est une charge imposée annuellement à l'adjudicataire de l'une des coupes les plus rapprochées de Blangy.

Les membres actuels de la commission administrative sont :

MM. le Maire, président ;
Daillier-Gosselin, ancien commerçant ;
F^ic Margry, propriét.-cultivateur, maître de poste ;
Beaufils-Cayeux, commerçant ;
De Blangermont, propriétaire ;
Bellencourt, médecin.

Le Bureau de bienfaisance a été institué par décision du 15 juillet 1817; son budget de 1860 constate un chiffre de ressources de 879 fr. 47, composé de :

Fermages de biens ruraux.	347f 67
Rentes sur l'Etat	164 »
— sur particuliers.	4 80
Intérêts de fonds placés au Trésor.	3 »
Dons, aumônes, quêtes, collectes.	300 »
Produit de concessions de terrain dans le cimetière.	60 »

Ces ressources sont annuellement affectées au soulagement des indigents, par des distributions de linge, habillements, aliments, substances pharmaceutiques, etc.

Les membres de la commission administrative sont :

MM. le Maire, président ;
Baudoult d'Hautefeuille (François), juge-de-paix ;
Lasnel (Edouard), ancien pharmacien ;
Coussin (Désiré), tanneur ;
Talbot (Jacques), curé doyen ;
Dajon (Eugène), chirurgien.

Lieux de sépulture. — J'ai dit que l'ancien cimetière de Blangy, situé rue Saint-Denis, et qui était commun aux deux paroisses Notre-Dame et Saint-Denis, existait sur l'emplacement même où fut démolie par suite de vétusté, au commencement du siècle, l'église érigée sous ce dernier vocable. Il a été fermé en 1850; depuis, les inhumations ont lieu dans un assez vaste emplacement (56 ares 28 centiares) entouré de murs, situé à peu de distance de la ville, vers l'ouest, sur le bord de la route départementale n° 32, de Bolbec à Blangy.

Ce lieu de repos, placé au milieu d'une riche campagne, n'éveille dans l'âme du passant que des sentiments de piété, de résignation calme et d'espérance dans une vie éternelle. Il est placé non loin de l'endroit où, d'après la tradition, se trouvait le cimetière du faubourg ouest de l'ancienne ville, celui de la paroisse Saint-Ouen.

Instruction publique. — Indépendamment du petit ouvroir-école dont j'ai parlé plus haut, et qu'une des dames religieuses de l'hospice tient pour les jeunes filles de la classe indigente (1), Blangy possède trois écoles qui ont une certaine importance, et qui, au point de vue de l'instruction publique, la classent à un bon rang de progrès.

C'est d'abord une école primaire dirigée par M. Tirvert (Théophile), instituteur suppléant, successeur de M. Leclercq dont la famille était depuis longtemps en possession de l'enseignement dans la ville. M. Tirvert a dans sa classe 90 garçons.

Ensuite, il y a un établissement libre d'instruction

(1) Mlle Vital (Anne-Stéphanie), sœur Louise de Saint-Vincent de Paul, 69 élèves.

secondaire, dirigé par M. Desgardin; 40 élèves (garçons) y reçoivent l'enseignement.

Enfin, une école libre ou pensionnat de demoiselles, dirigé par Mlle Marie Damiens (dite Fortin), qui compte 58 élèves.

Ces deux pensionnats ont, parmi leurs élèves, un nombre qu'on peut évaluer, en moyenne, à un tiers, de jeunes garçons et de jeunes filles qui leur viennent des autres communes du canton de Blangy, et même de localités plus éloignées.

En somme, les écoles de Blangy procurent aujourd'hui les avantages de l'instruction à près de 230 enfants de la ville.

Sciences et arts. Bibliothèque de la ville. — L'étude des sciences, des belles-lettres et des arts semble, à Blangy, n'offrir que peu d'attraits, à en juger par le petit nombre de personnes qui s'y livrent. Il est vrai que tout le monde y est occupé à des travaux manuels agricoles ou industriels, qui ne laissent que peu de temps pour les exercices spéculatifs de l'intelligence. Puis, comme je l'ai dit plus haut, on n'a guère de stimulants dans les relations avec les éléments littéraires des villes. Somme toute, je suis loin d'en faire un reproche à mes compatriotes, dont l'heureuse et loyale simplicité est une des conditions de leur quiétude et de leur bien-être.

Toutefois, il serait à désirer que la ville eût une

bibliothèque composée de quelques ouvrages élémentaires, de livres traitant de l'histoire du pays, et d'un certain nombre, même restreint, de ces grands ouvrages qui élèvent l'âme, inspirent les nobles sentiments et facilitent les relations de société. A cet égard, une dépense de quelques cents francs, sur le budget de la ville, serait placée à bons intérêts.

MŒURS ET COUTUMES.

Occupations des habitants. — Assemblées, fêtes patronales, pèlerinages, les Sept-Acres, saint Lambert. — Calvaires. — Culture ancienne de la vigne; la grappe de la Vierge. — La Quête des Gerbes, tradition de la dîme des moissons. — Quête pour les trépassés. — Le pocage. — Les prières par procuration. — La Saint-Nicolas et la Sainte-Catherine. — Les Rois. — La récolte de la faîne et le ramassage des bois morts.

Que la première partie du titre de ce paragraphe ne fasse pas croire que j'aie le projet de me constituer jamais le redresseur des torts; Dieu merci ! je n'ai aucune prétention semblable. Le mot *mœurs* est pris ici pour *usages*. Quelques traits généraux, seulement, me paraissent bons à noter pour bien faire apprécier la physionomie de la ville.

J'indiquerai ensuite certaines coutumes caractéristiques de la population.

L'absence de grandes fortunes, et, par suite, de luxe permanent; l'éloignement des grands centres politiques, commerciaux et scientifiques; en un mot, le peu d'occasions que les habitants de Blangy ont de se mettre en rapport avec les rouages si actifs du mouvement central, les portent naturellement à se confiner dans une existence modeste dont la paix est le principal bénéfice. Tout au plus prennent-ils quelqu'intérêt à la lecture du journal quotidien qui leur vient de Rouen, et qui les tient, vaille que vaille, au courant des événements de la métropole, sinon des idées et des aspirations du temps. Je doute même que le nombre des abonnés au journal dépasse vingt titulaires; celui qui reçoit la feuille la passant à son voisin, et ainsi de suite, jusqu'à extinction des curieux d'un quartier. Les oisifs et les jeunes gens le lisent au café, où toutes les classes se rencontrent, à l'exception d'un petit nombre de chefs de famille, des fonctionnaires principaux qui gardent, sans morgue, toutefois, le haut bout de la notabilité.

La diffusion des moyens d'existence dont la propriété territoriale est le principal agent, fait que, à Blangy, l'exercice de n'importe quelle profession ou métier n'enlève rien à la considération générale, et, pour me servir d'une expression de l'ancien temps, ne fait point déroger. L'égalité devant la bonne harmonie semble être la loi des rapports quotidiens entre le propriétaire, le fermier, le rentier, le marchand et l'artisan. La distinction, si elle existe au fond, ne se trouve que dans le plus ou moins d'instruction et d'éducation de chacun.

L'habitant d'origine nobiliaire (il y en a quelques-uns) et le laboureur ou le petit débitant se rencontrent chaque jour sans se heurter, et se voient mutuellement avec plaisir. La nécessité des relations fréquentes dans un cercle toujours le même, l'échange de bons offices qui en résulte, en sont probablement la cause avec l'esprit naturellement obligeant de tous.

La grande préoccupation, ce sont les marchés qui ramènent périodiquement un peu de mouvement dans la ville. C'est encore l'office divin, à l'issue duquel les groupes se forment sur la place, échangeant les nouvelles de la semaine, les souhaits familiers ou bienveillants.

Les rentiers se livrent à la pêche, à la chasse. A la fin des beaux jours, tous ont la promenade sur les routes, le long de la Bresle ou dans les forêts voisines. Il est rare que tous les habitants ne se préparent pas au sommeil dès neuf heures, que marque chaque jour la cloche du couvre-feu.

Il n'y a pas de théâtre, mais il faut l'avouer, pas non plus de bibliothèque publique. Du côté des distractions intellectuelles, Blangy aura beaucoup à créer si, un jour, quelqu'un veut pousser de ce côté l'éducation populaire.

Assemblées, fêtes patronales, pèlerinages. — Une fois ou deux par an, un bal par souscription est donné à l'hôtel-de-ville, et permet aux dames et aux jeunes filles de montrer la fraîcheur de leurs atours.

Le dimanche, dans l'été, un lieu d'assemblée public est ouvert aux danses et aux divertissements ordinaires ; le *Tivoli* n'a qu'un musicien, mais il est infatigable. De beaux arbres, l'air pur, de la bière et des pains-d'épice à profusion, tel est le fond de la fête. Vous voyez qu'il y a heureusement loin de ce lieu de réunion à l'intolérable guinguette de nos grandes villes, où la danse n'est qu'un prétexte pour l'intempérance et la dissolution.

L'isolement relatif de Blangy, la connaissance parfaite que chacun a des qualités, des ressources et de l'honorabilité de son voisin, ont fait que, depuis bien longtemps, les familles du pays se sont alliées et bisalliées entr'elles, ce qui explique le grand nombre de cousins que le Blangeois rencontre à chaque pas qu'il fait dans la ville. C'est là, du reste, une nouvelle cause de cette confraternité et de cette bonne entente générale que j'y ai remarquées.

Indépendamment de l'*assemblée* locale, les habitants de Blangy ont, comme moyen de distraction, les assemblées ou fêtes patronales des environs, qui sont l'occasion d'excursions agréables, en nombreuse compagnie, à travers bois et campagnes.

La fête patronale de Blangy est le 8 septembre ; celle, distincte, de l'ancienne paroisse de Saint-Denis, est le 9 octobre. De plus, il y a, le lundi de la Pentecôte, la fête dite *des Sept-Acres*, ainsi nommée à cause de l'étendue d'un terrain, en pelouse ondulée, situé à 2 kilomètres au milieu de la forêt, et où se tient cette assemblée. Il y a peu d'années, la population s'y livrait au tir à la cible, en souvenir sans doute des exercices réguliers de la Compagnie d'arbalétriers que Blangy possédait avant la Révolution. Maintenant, il n'y a plus que les éléments ordinaires de ces réunions champêtres : la danse, la promenade, les collations sur l'herbe, en famille.

Du haut de la côte des Sept-Acres, à travers une échappée pittoresque, la population en fête voit passer, au soleil couchant, sur la route, une procession qui se rend ce jour-là à Notre-Dame de Blangy, clergé en tête, bannières au vent, et dont la longue file accompagne sa marche de cantiques anciens, de chants religieux produisant ici un effet de contraste frappant. Cette procession, c'est la paroisse de Mesnières qui vient, de 24 kilomètres de là, en pèlerinage à Blangy.

Trois autres paroisses (du département de la Somme) font aussi annuellement ce pèlerinage :

Fresnes, le lundi d'avant la Pentecôte,

Huppy, le lundi de la Pentecôte au matin,

Et Martaineville, le lundi qui suit l'octave de Saint-Pierre.

Cette dernière procession a été instituée il y a environ quatre-vingt-dix ans. Une quarantaine de personnes étaient mortes en quelques jours dans la paroisse ;

beaucoup d'autres se trouvaient dans un état désespéré : alors on alla en pèlerinage à Notre-Dame de Blangy, et la maladie cessa. L'origine de la procession de Fresnes est plus récente. Plusieurs autres paroisses qui, depuis longtemps, venaient aussi à Blangy, notamment celle de Tours (Somme), ont cessé de s'y rendre à la Révolution de 1793.

Outre ces processions, auxquelles se joignent, en grand nombre, les habitants de plusieurs autres communes, beaucoup de personnes viennent isolément assister aux messes qui se disent à l'autel de la Sainte-Vierge le premier dimanche de chaque mois, et à toutes les fêtes consacrées au culte de Marie.

L'usage de célébrer ainsi la messe à cet autel paraît, dit M. l'abbé Decorde, avoir son origine dans l'établissement d'une *Confrérie du Rosaire* au XVIe ou XVIIe siècle.

Autrefois, les habitants de Blangy allaient eux-mêmes en pèlerinage, le lundi qui suivait le 11 juillet, à la chapelle de Saint-Antoine, près Neufchâtel. On se réunissait à minuit dans l'église de Blangy, où se chantait un hymne à la Sainte-Vierge, et l'on partait en procession jusqu'aux dernières maisons de la ville. L'on emportait avec soi deux pains à bénir qui étaient offerts à la messe de Saint-Antoine : l'un était immédiatement distribué aux assistants, et l'on rapportait l'autre pour le distribuer à Blangy pendant la messe qui se disait le lendemain pour les pèlerins. Le soir, au retour du pèlerinage, on chantait le salut.

N'y avait-il pas, dans cette coutume d'associer par la bénédiction et le partage du pain deux populations pieuses, placées si loin l'une de l'autre, une sorte de communion et de fraternité touchantes? Certes, quand on retrouve aujourd'hui, à notre époque d'indifférence, ces poétiques coutumes du moyen-âge dans leur simplicité originaire, il semble qu'on entend résonner encore le clavier mystérieux et puissant de la foi de nos pères....

Mais, comme le raconte le même M. l'abbé Decorde, auquel j'ai beaucoup emprunté dans cette notice, où je ne pouvais, en effet, suivre une meilleure trace, « mais les choses les plus édifiantes dans leur principe finissent souvent par dégénérer en abus. Il en fut ainsi du pèlerinage de Saint-Antoine : M. Delozier, curé de Blangy, le supprima il y a quarante ans, à cause des orgies qui avaient lieu à Neufchâtel. Aujourd'hui, une messe, célébrée à l'autel Saint-Denis, en l'honneur de saint Antoine, rappelle seule ce pèlerinage. »

Toutes les religions ont eu leurs processions. Dès que les chrétiens purent exercer librement leur culte, ils eurent aussi leurs marches régulières. On comprend que les processions furent impraticables au milieu des persécutions des trois premiers siècles. Selon M. l'abbé Flottes, ces processions dateraient de l'empereur Constantin (1). En effet, c'est sous le règne de ce prince, baptisé en 337, que disparaît le monde ancien avec ses

(1) *Encyclopédie du* XIXe *siècle*, t. XX, p. 457.

grossières religions, pour faire place au monde nouveau qui apporte la vraie civilisation. »

Les processions des Rogations, instituées par saint Mamert en 468, celle de Saint-Marc, établie en 590 par saint Grégoire-le-Grand, et qui ont encore lieu de nos jours, sont probablement l'origine de ces pèlerinages processionnels locaux, qui ont dû être institués pour implorer le secours du Ciel dans les calamités publiques, telles que la peste et la famine.

C'est sans doute à l'une de ces causes, malheureusement trop fréquentes à Blangy au moyen-âge, que remonte le pèlerinage des habitants de cette ville à une petite chapelle dédiée à saint Lambert, qui existait sur le coteau dépendant du territoire de Neslette (Somme), et qui est tombée en ruines depuis une vingtaine d'années. Ce pèlerinage, où les bonnes gens *faisaient dire des évangiles* pour eux ou leurs enfants, avait fini par dégénérer en prétexte à divertissements et à repas pantagruéliques, dans lesquels dominaient les canards élevés à Neslette, et qui ont encore, grâce à ces précédents, une certaine réputation.

L'ancienne statue informe de saint Lambert, après avoir été placée dans l'église de Neslette, en avait été enlevée il y a quelques années par ordre de l'évêque d'Amiens, en exécution du 29e canon du Synode de Constance, prescrivant de supprimer les statues trop anciennes ou indécentes. Or, quelques jours après, la statue occupait sa première place..... Probablement les habitants de Neslette, dans le but de faire croire à un miracle, ou plutôt par attachement pour saint Lambert *l'ancien*, l'avaient reporté clandestinement sur sa console (1). Toutefois, une nouvelle statue occupe aujourd'hui cette place..... et le pèlerinage de Saint-Lambert tombe de plus en plus en désuétude : les amateurs de canard en ont presque seuls conservé la tradition.

Mais l'histoire de ces pèlerinages m'entraînerait loin, s'il fallait analyser tout ce qu'on trouve à cet égard dans les chroniqueurs et dans les souvenirs du pays.

Je voulais noter principalement l'impression singulière et toute antique que procure aujourd'hui, et qui saisirait bien plus encore un citadin, un Parisien, par exemple, la vue de ces longues files bigarrées de gens de toutes les classes traversant, au chant des hymnes, au soleil levant ou couchant, les vertes prairies de la vallée de Bresle, et qui semblent, avec leur appareil religieux, un tableau vivant des siècles antiques transporté brusquement au milieu de nos passions turbulentes et de nos matérielles préoccupations.

Les processions de Picardie se distinguent surtout par un cachet singulier : voitures, chevaux, ânes, conduisent jusqu'en haut de la côte de Bouttencourt la foule des pèlerins. Tous, à cet endroit, revêtent leurs vêtements processionnels : c'est comme la toilette générale qu'un régiment de guerre fait avant d'entrer dans les villes ;

(1) *Canton de Blangy*, M. l'abbé Decorde.

puis les bannières se déploient, le clergé se place, les chants commencent, entonnés par des milliers de voix puissantes. Un grand bedeau précède le convoi, agitant de chaque main, et en cadence, une clochette énorme, sans trop de souci de l'harmonie des cantiques. Une phalange d'enfants de chœur, habillés de soutanes rouges, comme de petits cardinaux, brille au milieu de la masse sombre qui bientôt arrive à l'église, dont elle fait trois fois le tour avant d'aller se prosterner au pied des autels.

Calvaires. — En se promenant dans les campagnes qui environnent Blangy, on remarque un assez grand nombre de Calvaires qui, pour la plupart, sont protégés par de grands arbres plantés *ad hoc.* Quelques-uns ont été érigés par souscription, dans le but de servir de station pour le clergé aux processions des Rogations. Ce sont des Reposoirs fixes que le printemps, avec ses feuillages, ses fleurs des champs, ses hautes herbes, se charge de parer sans frais tous les ans.

D'autres ont été élevés à la suite d'un vœu ou en commémoration d'un accident arrivé sur le lieu même. Ce sont ordinairement les propriétaires du sol qui les ont fait bénir et qui les entretiennent.

En général, la sculpture de ces Christs n'a rien d'artistique. L'éclat de la dorure supplée à ce qui peut manquer sous le rapport de l'art. C'est, du reste, une coutume louable puisqu'elle prend sa source dans un sentiment de piété.

La grappe de la Vierge. — Tous les ans, le 15 août, un habitant de Blangy choisit, à son espalier, un grappe de raisin, la plus belle et la plus mûre qu'il y ait, et la place dans la main de la statue de la vierge ou de l'enfant Jésus, sur l'autel érigé à la gauche du chœur de l'église.

Cette coutume nous reporte évidemment au temps où la vigne était cultivée dans cette contrée, et où on devait faire à l'église l'offrande des prémices de la récolte du raisin. Une autre trace s'en retrouve encore, il nous semble, dans la présence de très vieux pieds de vigne plantés non à l'intérieur des propriétés, mais sur le pignon extérieur, dans la rue.

Partout, du reste, dans la vallée, à Aumale, à Pierrecourt, à Blangy, se retrouve la certitude de cette culture, soit dans la mémoire des anciens, soit dans les documents écrits. Elle y était générale encore en 1640, car, dans un manuel ecclésiastique imprimé à cette époque (1), figure *la bénédiction ordinaire des vignes.*

Dîme des moissons. — On a aussi conservé l'habitude, à Blangy, de faire la quête des gerbes. Chaque année, le premier dimanche d'octobre, le trésorier de l'église fait cette quête à domicile, et reçoit des gerbes de blé, d'orge, d'avoine, des bottes de foin, etc. Le tout est vendu au profit de la fabrique.

(1) *Manuale ecclesiæ Rothom.* Edition MDCXL, p. 347.

Quête des Trépassés. — Dans ce même ordre de faits, se place la quête hebdomadaire pour les *Trépassés*. Je crois qu'elle a cessé d'avoir lieu dans la ville, où les ressources du casuel et de la fabrique ont permis d'abandonner cet usage Mais elle se pratique toujours dans les communes rurales environnantes où, chaque semaine, un habitant de la paroisse (à tour de rôle, pendant un mois) se présente à cet effet dans toutes les maisons, et reçoit communément une petite pièce de monnaie, quelquefois même un morceau de pain; mission d'humilité généralement acceptée par tous; les vieillards et les infirmes, seuls, se font remplacer dans cette assujétissante pérégrination.

Je pense que le produit en argent est remis à la fabrique qui l'emploie à l'entretien des objets dont se sert la *Confrérie des Trépassés*, et que le pain et les autres denrées recueillies en nature sont le profit des plus pauvres.

Le pocage. — Voici un mot sur l'origine duquel j'avoue mon ignorance (1). Il s'agit encore d'une quête, mais faite, cette fois, par les petits enfants qui reçoivent, le jour de Pâques, et déposent dans le panier

(1) Le mot *pocage* ne viendrait-il pas de la *poche* ou *pouche* du quêteur (à Blangy on prononce *poque*)? Mon honorable ami, M. de Beaurepaire, archiviste en chef du département, est disposé à voir dans cette appellation le nom corrompu de *pasquage*, quête en temps de Pâques.

dont ils sont munis à cet effet.... quoi ? des œufs. Le luxe est de les colorer pendant la cuisson, à l'aide de pulpes d'oignons sèches. Mais, colorés ou non, ces œufs sont toujours durs.

Il faut dire que, pour quelques-uns des petits quêteurs, le pocage aux œufs est une occasion d'accepter de réelles friandises, ce qui n'est pas sans concourir beaucoup à perpétuer l'usage. D'où vient-il ? Est-ce une tradition des quêtes que les moines du *couvent des Cordeliers* du faubourg faisaient autrefois, à l'aide de poche ou *poques*, pour l'approvisionnement de leur maison, dont la richesse ne passe pas pour avoir été grande ? ou bien est-ce une trace affaiblie des échanges de denrées qu'ont dû accomplir entr'eux les habitants de Blangy, à la suite d'un de leurs grands désastres : les pillages, les incendies, les famines de 1033, de 1316, de 1146 ? Je ne sais ; mais le souvenir du pocage, spécial à Blangy, a bien des fois représenté, aux exilés du sol natal, la naïve physionomie des coutumes et des joies de leur enfance.

Ainsi, le soldat, loin de son hameau, croit parfois entendre sortir d'une bouche étrangère l'accent de son pays, alors :

Au milieu des champs de bataille
Il revoit le chaume étranger,
Les nids d'oiseaux dans la muraille,
L'humble aviron du passager.

Il respire, dans la prairie,
Le chaud parfum des foins en fleurs,
Et sur sa moustache blanchie
Coulent des pleurs (1).

Les prières par procuration. — Aujourd'hui, à peu près chacun sait lire, au moins les gros caractères de son livre de messe. Mais il y a quarante ans (je date malheureusement de cette époque), beaucoup de mères de famille de notre voisinage ne pouvaient réciter elles-mêmes, *de visu*, le *De Profundis* et les Psaumes de la pénitence, qu'il est d'usage de lire, le jour de la Toussaint, en famille, et en commémoration de ceux qu'on a perdus.

Alors, selon l'usage aussi, on allait chercher les petits enfants de chœur (j'en étais), et, moyennant une bienveillante gratification, nous récitions, par procuration, ces prières.

Je dois dire que la juste fierté que nous inspirait notre science était à peu près l'unique impression que nous ressentions de ce mandat funéraire. L'enfance est si richement douée pour l'insouciance et l'oubli !

La Saint-Nicolas et la Sainte-Catherine. — Ce sont encore deux fêtes caractéristiques des mœurs de la contrée : elles sont même, je crois, particulières à Blangy. Là, de temps immémorial, saint Nicolas est le patron des garçons, et sainte Catherine la patronne

(1) *Méandres*, J.-A. De Lérue, 1845.

des filles, avec cette distinction essentielle que ce sont les jeunes filles qui revendiquent cet honneur, et non, comme dans d'autres lieux, les vieilles desquelles on dit ironiquement qu'elles coiffent sainte Catherine.

A Blangy, un an ou deux après la première Communion, qui a lieu ordinairement à douze ans, les garçons et les filles entrent de droit dans la phalange des serviteurs de saint Nicolas et de sainte Catherine, dont les bannières sont portées aux cérémonies religieuses, à l'église, aux processions, par celui ou celle qui a été jugé digne de l'élection par la grâce du choix de M. le Curé. Les priviléges de cette élection durent un an, sauf renouvellement, ce qui est rare. Le jeune garçon ou la jeune fille qui en est l'objet, est, comme le chef, l'exemple de la génération dont il représente le corps. L'élu ou l'élue quête aux offices pour les besoins de l'église. C'est un honneur qui rejaillit sur la famille, et qui se paie, il faut l'avouer, de la part de celle-ci, par un grand festin que le clergé préside, et où se trouvent réunis, quelquefois à l'aide d'une souscription, quand la famille du *saint Nicolas* ou de la *sainte Catherine* n'est pas riche, l'élite de la population.

Le jeune homme ou la jeune fille dont les parents auraient ambitionné sans succès ce privilége, serait regardé comme entaché d'une sorte d'indignité. Mais, heureusement, la sagesse administrative du Curé évite cet inconvénient, qui doit être très rare. Puis on comprend que beaucoup de jeunes gens pauvres auraient des droits égaux à l'élection, que, par économie, leurs parents ne briguent pas et ne pourraient accepter.

Cet usage est bon. Il relie étroitement, à tour de rôle, les familles honnêtes à la direction tutélaire du clergé, et il resserre les liens naturels d'amitié et de confraternité entre les jeunes gens de la même génération.

Les Rois. — La veille de la ***Fête de l'Épiphanie***, on pratique à Blangy une coutume touchante et véritablement évangélique. Elle s'est, du moins, conservée intacte chez les personnes de la bourgeoisie qui consacrent, à cette occasion, par un repas de famille, la naissance du Messie; évènement qui, par les circonstances dont il a été entouré, est l'un des tableaux les plus gracieux, les plus poétiques de tous ceux dont le Nouveau-Testament nous ait transmis la mémoire.

Quoi de plus suave et tout à la fois de plus grand, en effet, que ce premier acte de la Rédemption du monde, s'accomplissant dans l'obscurité d'une crèche rustique, au milieu des animaux de labour, symbole de paix et de travail, entre trois personnages dont l'un représente le peuple, l'autre la femme, le troisième Dieu lui-même! Et ce rayonnement sublime qui vient tout à coup illuminer le berceau de l'Enfant-Dieu! Et ce chant délicieux des Anges qui descendent du Ciel pour l'adorer, en compagnie des humilités des champs et des splendeurs de la terre : les bergers et les rois conduits à Bethléem par l'éclat de la même étoile!

Est-il, parmi les plus étincelantes beautés de la poésie et de l'imagination antique ou moderne, quelque chose d'aussi sublime que cette histoire de la venue d'un Dieu, qui consent à naître de la plus pure des vierges, comme il consentira à mourir, lui l'Eternel, crucifié entre deux larrons, au bruit des malédictions du peuple qu'il est venu sauver?

Les schismatiques eux-mêmes ont gardé dans leurs foyers la tradition de cet évènement éternellement grandiose. La *Christmas* anglaise est restée l'une des rares poésies de cette nation prosaïque et froide comme son climat. On comprend que les chrétiens catholiques y aient rattaché toutes les délicatesses, toutes les pitiés, toutes les harmonies de leur culte.

A Blangy, la nuit où doit briller au ciel l'étoile des Rois, la famille se réunit dans un souper présidé par le plus ancien, heureux de rassembler sous son regard tous les degrés de sa génération. Les vieux serviteurs ont, cette fois, place honorable au banquet de famille, et les petits-enfants, que la solennité exceptionnelle, peut-être aussi la vue de certaines friandises, tiennent éveillés et soumis, se font répéter par la grand'mère cette antique histoire de l'Enfant-Jésus, toujours jeune et toujours aimable.

Un gâteau, façonné pour la circonstance, s'élève, orné de fleurs, entouré de grands pots de verre pleins du liquide mousseux, au milieu de la table du modeste festin. Au dessert, qui arrive vite, ce gâteau est partagé, puis distribué par la main du plus jeune. Le Roi est élu aux acclamations de ses sujets d'une heure, Roi de la fêve qu'on ne porte pas sur le pavois, et qui n'a qu'une souveraineté irresponsable, mais dont la santé est mille fois portée, au choc des gobelets, dans la joie des chants et des rires.

Cependant, une portion de gâteau est restée intacte; je me trompe : il y en a quelquefois deux. Celle-ci, c'est la part de l'absent, un pauvre soldat qui paie, au loin, sa dette à la patrie, et dont le souvenir est évoqué avec des larmes par sa mère, avec un soupir par sa fiancée.

L'autre part, *c'est celle de Dieu*, comme si l'honnête assemblée voulût, par-là, indiquer et souhaiter la présence du Maître divin au milieu d'elle. Mais si le Père de l'humanité reste invisible, les pauvres, ses enfants aussi, sont là. Dans la rue, des indigents, de petits garçons et de petites filles, dont le foyer ne connaît pas l'abondance et le cœur éprouve rarement l'allégresse, chantent de temps en temps quelque vieux refrain d'un rhythme primitif, à la poésie singulière, qui reporte aux siècles écoulés. Ils font effort pour que leurs voix grêles et confuses arrivent aux convives à travers la porte close, malgré la bise qui souffle et le froid qui fait claquer les dents et grelotter les membres. Ils chantent :

. . . .

La Vierge était assise
Dessus un banc d'argent

Elle pleure et soupire,
Pour ses petits enfants

. . . .

As-tu nourri les pauvres,
As-tu vêtu les nuds,
As-tu donné l'aumône
(Dit la sainte patronne)
En l'honneur de Jesus?

. . . .

La part Dieu (*bis*).

A l'intérieur, près du foyer qui flamboie, autour de la table lumineuse et gaie, l'allégresse règne. A l'accent plaintif du dehors, les chansons et les rires s'arrêtent. Le contraste est si grand! Ici, la chaleur, la joie, le bien-être au sein de la famille, avec ses espérances et ses contentements. Là, derrière cette porte, le froid glacial, l'isolement, la misère, la faim peut-être.

On entend par intervalles le vent du Nord qui glace les ruisseaux et souffle dans la cheminée avec un bruit d'ouragan.

Les voix continuent :

Y a-t-il point place à vos flammes,
Bons Messieurs, bonnes Dames;
Y a-t-il point place à vos flammes?
La part Dieu!

On ouvre vite la porte; les pauvres entrent et reçoivent la part Dieu. Un peu plus tard, ils s'en vont réchauffés, réconfortés et reconnaissants, tandis que la famille, heureuse d'avoir aussi bien complété sa fête, emporte jusque dans le sommeil les derniers refrains affaiblis de la chanson lointaine.

La récolte de la faîne et le ramassage des bois morts. — Pour les habitants de Blangy, la rivière et la forêt semblent avoir été placées à proximité l'une de l'autre dans des vues providentielles. L'une et l'autre sont les nourrices naturelles des riches et des pauvres, ou, pour mieux dire, de la population sans distinction, car, à Blangy, il n'y a ni misère ni opulence, selon le sens qu'on attache ailleurs à ces expressions. Toutefois, les plus petits, les moins abondamment pourvus, trouvent la table de la Providence constamment dressée pour eux dans les produits de la Bresle et dans ceux de la forêt : la Bresle, qui fournit l'eau salubre et le poisson à bon marché, et, en irriguant les prés, donne l'aliment du pâturage en commun aux bestiaux ; la forêt, qui offre aux usagers ses bois morts, aux plus pauvres ses herbages d'automne et d'hiver, enfin le fruit de ses vieux hêtres.

Très souvent, à la tombée du jour, on voit des ménagères économes et diligentes, de vieilles femmes, des enfants, revenir en ville chargés chacun d'un long fagot de branchages péniblement ramassés sous les hautes futaies, où le vent se charge de l'office de l'élagueur ou du bûcheron. Ces fagots, quelquefois très pesants, grâce à quelque rondin placé au centre pour maintenir l'édifice, sont portés verticalement sur le dos. Pour qu'on puisse se reposer à volonté, le fardeau est traversé par un long pieu qui sert, au porteur, de troisième jambe. Quelques personnes, qui se livrent assidûment au ramassage du bois mort, peuvent, leur provision de ménage étant faite, vendre le surplus; elles tirent de chaque bourrée, selon sa force, un prix qui varie entre 50 cent., 75 cent. et même 1 fr.

Les joncs, les bruyères, les genêts, les feuilles sèches, sont également ramassés, et servent à former la couche, sans doute moins élastique que celle des riches, mais du moins saine et parfumée.

Vient la saison de la faîne : ce fruit abondant du hêtre tombe en septembre. Dans les bonnes années, les lisières des bois en sont jonchées. Certains cantons, peuplés de grands baliveaux et débarrassés des jeunes cépées, offrent alors une récolte facile. Des familles entières vont, dès que le vent ou le soleil a séché la mousse, faire leur provision. Chacun est muni d'un petit panier ou d'un gatelot (écuelle de bois, *jatte*); le chef de l'escouade, à la fin de la journée, réunit le produit de tous ces gatelots dans un seul récipient. Après un repas frugal et de bon appétit, tous, petits et grands, rentrent au logis pour continuer, le lendemain et les jours suivants, leur moisson.

Quelquefois, plusieurs familles mettent leur récolte en commun; elle est portée au moulin à huile, où, moyennant un salaire minime, la faîne se convertit en huile excellente qui forme, pour une famille laborieuse, une provision d'hiver suffisante, puisqu'elle atteint parfois jusqu'à 6, 8 ou 10 litres.

La récolte de la faîne, qui s'effectue sans beaucoup de fatigue, en famille, et dans une saison agréable, est une sorte de fête pour les pauvres gens qui s'y livrent; on en attend le moment avec impatience, on se la rappelle avec charme. Est-il rien de plus attrayant et de plus bienfaisant, en effet, que ces excursions joyeuses au milieu des taillis, des futaies, des sentiers embaumés, dont l'aspect est si varié, les accidents si pittoresques, l'influence sanitaire si précieuse ! En évoquant ce paysage de mon enfance, je revois encore, sous le couvert mollement éclairé des grands arbres, quand le soleil est près de disparaître à l'horizon, ces mousses d'un beau vert sur lesquelles fuient les lézards dorés, où fleurissent les pervenches; l'air est parfumé par les chèvrefeuilles, ces lianes vagabondes et inextricables de nos forêts du Nord; le garde forestier passe au bout du sentier en sifflant ses chiens fauves; un coup de fusil retentit parfois dans le lointain, répété par l'écho; les vaches des usagers reviennent lentement du pâturage en agitant leurs clochettes, tandis que le bûcheron solitaire se hâte de regagner son toit. Enfin, tous ces bruits très significatifs de l'étendue boisée s'éteignent successivement avec la dernière chanson du bouvreuil et les derniers feux du soleil. A ces aspects, comme à ces souvenirs, l'âme s'attendrit, le regard brille sous une larme furtive, et l'on s'étonne de tout ce qu'il y a de bien-être et de véritable poésie pour un cœur simple dans ces splendeurs rustiques de la nature, combinées avec les apaisements du silence et du travail.

NOTES SUPPLÉMENTAIRES.

Deux nouvelles pièces, retrouvées en dernier lieu dans les archives du département, viennent à l'appui de ce qui a été dit précédemment sur les fonctionnaires municipaux de Blangy au siècle dernier. Ce sont : 1° un état des revenus patrimoniaux de la Généralité de Rouen en 1763 ; 2° une lettre adressée à l'Intendant le 12 mai 1772.

L'état relatif à Blangy, qui figure dans le premier Recueil, est daté du 26 février 1763 ; il est signé : *Hébert*, maire ; *Carton*, échevin ; *Carton*, procureur-syndic, et *Hesnard*, greffier.

La lettre de 1772 constate, entr'autres choses, que la ferme de la Chaussée (ancienne taxe locale dont nous avons vu l'origine dans les *aveux et sentences*) venait d'être supprimée ; ce qui diminuait mal-à-propos le revenu déjà trop modique de la ville ; « revenu absorbé et bien au-delà par les charges. »

La Généralité, sans doute dans la vue d'affaiblir l'importance de la représentation municipale dont on jugeait la position trop aristocratique, tendait à supprimer quelques-uns de ses emplois.

La réponse de la Municipalité de Blangy, à cette ouverture, est significative : « Le corps de ville est composé d'un maire, d'un premier et d'un second échevins, d'un procureur-syndic et d'un greffier-receveur ; en tout cinq personnes. Il n'est pas possible de rien retrancher du nombre de ces officiers, parce que Blangy est sujet aux passages des troupes, et que, dans ces circonstances, il y a beaucoup de travail. »

Cette lettre, signée Hébert, maire, Carton et Hesnard, se plaint des désagréments que le service municipal occasionne, sans aucune compensation, à ces fonctionnaires, et rappelle en outre que le second échevin, M. Carton, alors âgé de 88 ans, ne peut plus remplir ses fonctions municipales.

ARMORIAL.

Armoiries de la ville. — Armes des principales familles anciennes : Boistel de Blangy, de Bommy, de Calonne, de Caqueray, Levaillant, de Brossard, de Bongard.

Les armoiries de la ville de Blangy ont dû, dans l'origine, avoir pour principe l'écu des comtes d'Eu.

Elles étaient sculptées au XVIe siècle sur l'un des côtés, aujourd'hui frustre, de l'église Notre-Dame, reconstruite par les soins de Ricart Maqrel, curé, mort en 1487. On en voyait encore quelques traces à la révolution de 1793; mais il était difficile de les lire.

On pensait que les sceaux de la mairie avaient été également perdus à cette époque, ou brûlés avec les chartes de l'ancienne abbaye, dans un de ces *patriotiques* feux de joie qui ont emporté dans leur fumée tant de traces glorieuses.

Toutefois, un homme honnête et distingué, M. Jean-François-Marc Daillier, maire de Blangy en 1852, prit à tâche de rechercher le blason de notre ville. Ses investigations furent couronnées de succès, et il fit alors peindre à ses frais ces armes par les soins du collége héraldique et archéologique de France.

Elles sont : d'argent, au lion de sable, armé et lampassé de gueules.

Ces armes figurent aujourd'hui sur le fronton du nouvel hôtel-de-ville (1).

Boistel. — Ainsi que je l'ai relevé précédemment, on trouve à Blangy, dès le XIe siècle, la trace historique de la famille Boistel, la plus ancienne probablement de celles qui ont possédé la seigneurie. Cette famille, si l'on en croit la tradition, avait son siége près d'un poste d'observation placé sur la colline en regard de Blangy. Il commandait ainsi l'unique grande voie de communication qui existât alors. Ce poste d'observation, manoir ou castel, devait se trouver près du *Beaufoyer* et du territoire qui, avec son petit hameau, porte aujourd'hui le nom de Boiteau-Mesnil (Boistel-Mesnil, village ou maison de Boistel). Le châtelain de Boistel était donc, en effet, selon toute apparence, le seigneur de Blangy, lorsque,

(1) Le sceau est déposé aux Archives municipales. On en voit deux empreintes en cire apposées sur des actes officiels, l'un datant de la fin du XVIIe siècle, l'autre (un certificat délivré par le maire) en date du 11 août 1789.

de concert avec *Hilduin de Blangy* (probablement un membre de sa famille résidant à Blangy même), il fit abandon de ses dîmes à l'abbaye du Tréport.

Je n'ai pas pu retrouver les armes de cette famille des Boistel.

Bommy. — La seigneurie de Fontaine, dont le manoir primitif a été reconstruit au commencement du XVIe siècle, paraît avoir appartenu sans interruption, pendant trois siècles, à la famille de Bommy, ainsi que les fiefs du ménage de Grimont-Mesnil, de l'île Saint-Ouen et d'Enneval (Blanquenneval).

On trouve, à la date du 17 avril 1665, un contrat d'échange pour le bois du détroit et un droit de moulin à blé, entre Mlle de Montpensier et Anne de Bommy, écuyer, seigneur de Fontaine. Celui-ci fit réserve de ses droits honorifiques sur l'église Saint-Denis et son cimetière situé sur le fief de l'île Saint-Ouen. D'après cet acte, les vassaux des fiefs susdits sont devenus banniers au moulin à blé du seigneur comte d'Eu, élevé, dans Blangy, sur la Bresle (1).

Pierre de Bommy, écuyer, seigneur de Hamelet, paraît avoir été le chef de cette famille.

Le 4 juillet 1469, il donna un relief de sa terre à l'abbaye de Corbie.

Son fils, Pierre de Bommy, dont parle un arrêt du

(1) *Archives nationales*, K. 940.

Parlement du 11 mars 1516, avait épousé, le 12 octobre 1494, Isabeau d'Auxi.

Leur fils, Henri de Bommy, fit preuve de sa noblesse depuis le 9 janvier 1532.

Mathieu de Bommy fut nommé par la noblesse du pays pour comparaître aux États provinciaux de 1545 et 1548.

Un François de Bommy épousa, en 1585, Marie-Anne Tanneguy-Duchâtel. C'est de cette souche que provenait Françoise-Renée de Bommy, comtesse de Calonne d'Avesnes.

Jean-François de Bommy de Bezancourt (1) fut maire de Blangy en 1744 jusqu'en 1752.

Les descendants de la branche masculine ont, pour la plupart, leur résidence à Blangy. Ce sont notamment M. Ferdinand-Augustin de Bommy de Bezancourt, adjoint actuel, et sa famille.

Cette famille porte : d'azur, à une rose d'or, en cœur, cantonnée de quatre bezans de même (2).

Calonne. — Vers le milieu du XVIIIe siècle, la seigneurie de Fontaine appartenait à dame Françoise-Renée de Bommy de Maricourt, comtesse de Calonne d'Avesnes, décédée à Blangy en 1794.

(1) Ce nom est écrit indifféremment, dans les pièces d'archives, de Bosmy, de Bomy, et de Bommy. Mais le nom véritable s'orthographie de cette dernière façon, ainsi qu'il résulte des pièces originaires et des titres de la famille.

(2) Haudicquier de Blancourt. (*Nobiliaire de Picardie.*)

Son fils, Charles-François de Calonne, commandeur de Malte, mort à Blangy en 1842, à l'âge de 96 ans, a transmis la terre de Fontaine à sa petite-fille :

Madame Adéodat Jourdain de Thieuloy, née de Calonne, qui réside à Amiens.

Les Calonne, dont la branche mâle est aujourd'hui éloignée de Blangy, portent : d'azur, au léopard d'argent passant.

Caqueray. — On les nommait Caqueray-Bavière, de ce qu'ils étaient originairement au service de l'Electeur. On pense que cette branche de la famille des gentilshommes verriers du même nom, n'a jamais travaillé le verre. Le dernier fut fusillé à Quiberon.

Sa sœur, Jeanne-Marie-Hélène de Caqueray, épousa Euphrasie Paterelle, procureur de la République à Neufchâtel, fils du premier président du Parlement de Bayeux.

Le fils d'Euphrasie, M. Antoine Legal Paterelle, chevalier de la Légion d'honneur, garde-du-corps des rois Louis XVIII et Charles X, épousa Louise-Marceline-Agathe de Bommy, aujourd'hui sa veuve.

Les Caqueray portent : d'or à trois roses de gueule.

Vaillant.—Les Vaillant ou Levaillant, gentilshommes verriers, sont originaires de Blangy, où existent :

Mlle Félicité Levaillant de Cottencourt ;

MM. Levaillant de Plémont et d'Amonville ;

Et Mme Lasnel, née Levaillant de Beaubray.

Les Vaillant portent : d'azur au bras de gueule, armé d'argent à la garde d'or, sortant d'un nuage de sable.

Brossard. — La famille de Brossard a encore des représentants :

A Montchaux : M. Sainte-Marie de Brossard, maire ;

A Blangy : Mlle Mélanie Brossard de Ressenroy ; les enfants de M. Brossard d'Alban ;

A Amiens et Abbeville : MM. Amédée et Arsène Brossard de Ressenroy.

Cette famille porte : trois fleurs de lys d'or sur azur, à la bande d'argent.

Bongard. — Les Bongard ont exercé durant plusieurs siècles, dans les forêts voisines de Blangy, l'industrie privilégiée de la fabrication du verre ; ils avaient, en dernier lieu, un établissement au Val-d'Aulnoy.

Il n'existe plus à Blangy de membres de cette famille, qui portait : d'azur à deux têtes de faucon affrontées, d'où pendent deux points d'hermine et trois étoiles d'or en pointe.

PERSONNAGES

ILLUSTRES ET MARQUANTS.

Les personnages illustres ou marquants cités dans cet ouvrage, et dont Blangy peut s'honorer, soit parce qu'ils sont nés dans cette ville, ou parce qu'ils lui appartenaient par les liens de l'adoption ou par les effets constants de leurs libéralités, sont :

Richard BOISTEL et Hilduin DE BLANGY, seigneurs de Blangy au XIe siècle, fondateurs d'œuvres de charité, donateurs de l'abbaye du Tréport.

Thomas DE BLANGY, abbé du monastère d'Eu, nommé en 1262.

Jean DE BLANGY, né en 1272, évêque d'Auxerre,

archidiacre du Vexin normand, grand théologien, docteur célèbre de l'Université de Paris, mort en 1344.

Charles D'ARTOIS, comte d'Eu (le grand chevalier), né en 1393, mort *en sa résidence* à Blangy, le 17 juillet 1471.

François DE CLÈVES, abbé commendataire de Tréport, mort à Blangy en 1522.

Ricart MAQREL ou MAQUEREL, curé de Blangy, restaurateur de l'église Notre-Dame, mort en 1487.

Abraham DUQUESNE, tailleur, puis professeur d'hydrographie, puis capitaine de vaisseau (père de l'amiral Duquesne), né à Blangy, rue Saint-Denis, en 1570, mort à Dunkerque en 1635.

Mlle DE MONTPENSIER, duchesse de Clèves, Penthièvre, etc., fondatrice de l'hôpital de Blangy (1681).

Jean-François DE BOMMY DE BÉZANCOURT, maire de Blangy de 1744 à 1752, auteur d'améliorations dans le régime public de la ville, institution d'une poste aux lettres, etc.

Marc-Antoine DUPUICH, prieur, curé de Notre-Dame de Blangy, mort en 1745, donateur de 5,000 livres pour la restauration de l'église et pour les besoins des pauvres.

Stanislas-Jean-Gabriel LEMAGNENT, chevalier de la

Légion d'honneur, maire de Blangy (1), défenseur zélé des droits de ville, administrateur distingué, mort en 1842.

Charles-François DE CALONNE D'AVESNES, commandeur de Malte, mort en 1842.

(1) De 1834 à 1842.

COUP D'ŒIL GÉNÉRAL

SUR LE

CANTON DE BLANGY.

Le canton de Blangy, situé à l'extrémité nord-nord-est du département de la Seine-Inférieure a, sur la carte, la *forme* d'un ovale assez régulier vers la Picardie, irrégulier du côté normand.

C'est celui des cantons de l'arrondissement de Neufchâtel qui contient le plus grand nombre de communes (23).

Si l'on se place à son point central, qui est à peu près le territoire forestier de Réalcamp, les vingt-deux communes du rayon apparaissent, selon l'*orientation* suivante, où les sections des points cardinaux sont négligés :

Au nord, Guerville, Bazinval, Montchaux-Soreng, Rieux, Blangy, Saint-Riquier-en-Rivière, Dancourt ;

A l'est, Nesle-Normandeuse, Pierrecourt, Hodeng-au-Bosc, Campneuseville, Saint-Martin-aux-Bois;

Au sud, Richemont, les Landes, Sainte-Beuve-Epinay;

Et, à l'ouest, Foucarmont, Villers-sous-Foucarmont, Fallencourt, les Essarts-Varimpré, Aubermesnil et le Caule-Sainte-Beuve.

La *population* du canton, qui était, en 1806, de 13,313 habitants, et en 1823, de 12,917 habitants répartis en 31 communes, s'élève aujourd'hui, d'après le recensement officiel, à 14,110 habitants.

Le *territoire* occupe une surface de 29,146 hectares 22 ares 91 centiares, à laquelle les répartitions cadastrales assignent les distinctions suivantes :

Terres en labour, 13,148 hectares;

Prés et herbages, 752 hectares;

Bois particuliers et communaux, 7,094 hectares;

Vergers, pépinières et jardins, 1,437 hectares;

Mares, canaux d'irrigation et abreuvoirs, 4 hectares;

Landes, pâtis, bruyères, montagnes incultes, terres vaines et vagues, 408 hectares;

Ce qui forme un total de propriétés non bâties imposables, de 22,843 hectares.

Contenance des *propriétés bâties* également imposables, 111 hectares.

L'étendue des terres non imposables (6,192 hectares 22 ares 91 centiares) se subdivise ainsi :

Routes, chemins, rues, places et promenades publiques, 432 hectares;

Rivières et ruisseaux, 37 hectares;

Forêts impériales, domaines non productifs, 5,713 hectares 22 ares 91 centiares (à peu près le cinquième de la surface totale du canton);

Cimetières, presbytères et bâtiments d'utilité publique, 10 hectares.

Deux *cours d'eau* principaux le traversent du sud à l'ouest :

La *Bresle* qui, depuis Hodeng jusqu'à Gamaches, parcourt une distance de 23,600 mètres,

Et l'*Yères*, se développant depuis ses sources, à Aubermesnil, jusqu'à Grandcourt, sur une longueur de 19,600 mètres.

Il est traversé et desservi, dans la direction du sud au nord, par la route impériale n° 28, de Rouen à Saint-Omer (artère principale et presque centrale des *communications* dans l'arrondissement de Neufchâtel);

De l'est à l'ouest, par la route départementale n° 32, de Blangy à Bolbec;

Et aussi, de l'est à l'ouest, par la route départementale n° 30, de Londinières à Aumale.

Ses autres grandes lignes vicinales sont :

Le chemin de grande communication n° 14, de Neufchâtel à Gamaches, par Preuseville et Saint-Rémy;

Le chemin de grande communication n° 16, de Criel à Gaillefontaine, par Foucarmont;

Le chemin de grande communication n° 7, de Darnétal à Sénarpont (avec embranchement à Foucarmont sur la route impériale);

Le chemin de grande communication n° 26, de Fresnoy-Folny à Liomer, par le Vieux-Rouen.

De plus, il est question d'établir prochainement un cinquième chemin de grande communication, d'Eu à Aumale, traversant les territoires de Montchaux, Blangy, Nesle-Normandeuse et Hodeng.

Et, ce qui serait bien autrement important pour les développements agricoles et commerciaux de la contrée, un embranchement de chemin de fer, peut-être deux, apparaissent dans un avenir plus ou moins rapproché. Les études sont commencées; les vœux des populations ne manquent pas, et tout porte à croire que si ces vœux, expression de besoins réels, demeuraient, en définitive, stériles, ce ne serait pas la faute des efforts des représentants de l'autorité, qui comprennent que l'arrondissement de Neufchâtel, l'un des plus abondants greniers à blé du département, comme la terre du pays de Bray en est la principale vache nourricière, ne saurait être plus longtemps déshérité des avantages qui sont acquis aux autres contrées de la Seine-Inférieure.

D'après les opérations trigonométriques des Ingénieurs du Dépôt de la guerre, l'altitude du canton peut se traduire par une moyenne de 100 à 180 mètres. La plus grande hauteur qui y ait été signalée par rapport au niveau de la mer, est 232 mètres au Caule-Sainte-Beuve ; sa partie la plus basse est de 30 mètres, dans le fond de Rieux. Mais je pense que ces travaux ont négligé une appréciation utile en laissant de côté l'étude du cours des rivières, de la Bresle principalement. Il paraît difficile d'admettre, en effet, que ce cours d'eau, en regard de Rieux qu'il avoisine, ait une élévation correspondante à celle que la carte indique ; dans la distance de 20 kilomètres qu'il y a de ce point à la mer, la pente de la Bresle serait, s'il en était ainsi, beaucoup plus rapide qu'elle ne l'est en réalité.

Voici, du reste, sous le rapport de l'*altitude*, et selon les travaux que j'ai consultés, une nomenclature qui m'a paru pouvoir offrir quelque intérêt aux géologues et aux médecins :

Aubermesnil, altitude 183 mètres, territoire boisé, marécageux ; sources.

Bazinval, altitude 125 mètres, territoire montueux, boisé.

Blangy, altitude 101 mètres, vallée, plaine et bois.

Campneuseville, altitude 214 mètres, plaine.

Caule-Sainte-Beuve, altitude 232 mètres, territoire boisé, plateau.

Dancourt, altitude 113 mètres, plaine.

Les Essarts-Varimpré, altitude .... mètres, territoire boisé, plaine.

Fallencourt, altitude 125 mètres, vallée, en partie boisé.

Foucarmont, altitude 139 mètres, terrain montueux, escarpé.

Guerville, altitude 161 mètres, territoire boisé.

Hodeng-au-Bosc, altitude 121 mètres, territoire en plaine et vallée, en partie boisé.

Les Landes, altitude 210 mètres, territoire boisé.

Montchaux, altitude 100 mètres, coteau et vallée.

Nesle-Normandeuse, altitude 123 mètres, vallée en partie boisée.

Pierrecourt, altitude 115 mètres, territoire accidenté, plaine et vallée, bois.

Réalcamp, altitude 211 mètres, plateau découvert au milieu des bois.

Rétonval, altitude 162 mètres, territoire en partie boisé, plaine et coteau.

Richemont, altitude ...., terrain montueux, boisé.

Rieux, altitude 114 mètres et 30 mètres, petite vallée, terrain boisé; sources peu abondantes.

Saint-Léger-au-Bois, altitude .... mètres, territoire en partie boisé, plaine et coteau.

Saint-Martin-au-Bois, altitude 145 mètres, territoire boisé.

Saint-Riquier-en-Rivière, altitude 120 mètres, territoire en partie boisé, vallée.

Villers-sous-Foucarmont, altitude 132 mètres, territoire en partie boisé, vallée ouverte.

Dans son aspect général, cette contrée offre un grand nombre des inégalités topographiques qui, dans l'arrondissement de Neufchâtel tout entier, au surplus, rendent si difficiles les tracés de routes, obligent à de coûteux entretiens, et fatiguent rapidement les piétons et les chevaux. Les principales collines qu'on y remarque, et qui, dans la Brie et la Haute-Picardie, seraient élevées au rang de montagnes, sont celles du Val-d'Aulnoy, de Varimpré et de Grandcourt.

Autrefois, à en juger par les anciens plans de triage de la haute et basse *forêt d'Eu*, les escarpements du sol étaient couverts de forêts dont la ligne, pressée et continue, n'était guère dérangée qu'à ses extrémités par la cognée des exploitateurs. Ces forêts s'étendaient même souvent en plaine et jusque dans le fond des vallées, ainsi qu'on le voit encore vers Nesle-Normandeuse et Pierrecourt. Alors les localités habitées, bourgades et villages, n'occupaient, avec leurs terres cultivables, qu'une partie extrêmement restreinte de cette grande et sombre surface. Mais, successivement, la sylviculture a cédé plus de place à l'agriculture. Le double et persévérant travail de la charrue et de la civilisation, qui vont toujours d'un même pas, est parvenu à resserrer, sur beaucoup de points, l'empire de la solitude. Durant plusieurs siècles, les comtes d'Eu ont fait défricher, à l'aide de grands sacrifices, les parties de leur domaine forestier dont le sol avait paru le plus fertile. Sous les régimes contemporains, des exploitations régulières, par coupes annuelles, sont venues ajouter grandement à cette dépopulation ; de telle sorte que la terre alimentaire occupe aujourd'hui, comme on l'a vu plus haut, une étendue qui, comparativement aux autres cantons moins accidentés et moins *gaulois* de l'arrondissement, paraît être en rapport avec les besoins généraux de la consommation.

Cependant, l'antique forêt d'Eu a gardé une grande partie de son ancienne prépondérance sur le canton de Blangy, où elle occupe encore partiellement les territoires de dix-neuf communes sur vingt-trois.

En général, le *climat* du canton est tempéré, avec une tendance à l'humidité qui est due, sans doute, à la présence de ces bois où figurent de grandes masses de hautes futaies. Les vents dominants sont ceux qui soufflent de l'est et du nord ; ils concourent à corriger ce que ce voisinage aurait de trop nuisible pour l'hygiène et pour la maturité des moissons. Aussi, les maladies endémiques et épidémiques y sont-elles assez rares, même au fond des vallées. On cite principalement, comme des localités fort saines, les communes de Rétonval, Caule-Sainte-Beuve, Saint-Léger-au-Bois et Réalcamp.

La nature du sol offre une certaine variété qui n'existe pas aussi tranchée dans les autres parties de l'arrondissement. La terre des plateaux que le laboureur a successivement conquis sur la forêt, est argilo-calcaire, mêlée d'humus, assez profonde, et de l'espèce de celle qu'on nomme demi-forte. Elle est très fertile et facile à labourer ; c'est le sol à blé par excellence. Sur les déclivités et dans les vallons où les pluies ont entraîné les détritus nourriciers, la terre devient parfois argileuse ou tourbeuse ; mais là, on ne lui demande que des herbages qu'elle produit assez abondamment. Les coteaux caractérisés, à base crayeuse et peu profonde, sont moins fertiles. Les menus grains qu'on y sème, tels qu'orge, sucrion, chanvre, et les fourrages durs, n'y viennent qu'au prix de constants amendements que la majeure partie des cultivateurs ne peuvent y répandre, à défaut d'un nombre proportionné de bestiaux. La terre étant très morcelée, les propriétaires reculent devant la dépense considérable que nécessiterait la recomposition radicale de ce sol depuis longtemps ingrat. Toutefois, ces parties moins favorisées ne sont pas perdues. Là, à défaut de céréales, comme sur les lisières restées en friche des forêts, les habitants cantonnent de nombreux troupeaux de moutons qui y trouvent une alimentation convenable. Aussi est-il peu de fermes, dans ces conditions, qui ne possèdent une bergerie.

Les cultivateurs du canton de Blangy n'ont pas été des premiers, il faut l'avouer, à s'approprier les méthodes nouvelles d'assolement et les instruments aratoires perfectionnés. Il y a encore bien des terrains en friche, bien des pâturages négligés ; l'usage des jachères n'y est pas encore complètement supprimé ; le drainage des terrains humides n'a fait que de rares apparitions ; toutefois, on remarque une tendance sensible au progès sous ces divers rapports. Les Comices agricoles et leurs publications ont fait pénétrer, là, leur influence. En outre, depuis quelques années, le canton lui-même contient un précieux foyer d'émulation : le vaste établissement agricole de Beaulieu, où un agronome distingué, M. Denain, ne cesse de se livrer à des expérimentations, d'accomplir d'intelligents sacrifices pour imprimer à la grande culture et à l'élève du bétail dans la contrée une impulsion profitable.

La richesse du canton, en d'autres termes, l'aliment principal des travaux de sa population, c'est la production du blé et des autres céréales. Il s'y fait peu d'élèves de la race chevaline. Les sujets de cette espèce, quoique robustes et de formes parfois élégantes, sont rarement destinés à l'exportation. On les emploie dans le pays à la charrue et aux transports. Les races bovine, ovine et porcine ne sont pas non plus sans mérite. La dernière est l'objet d'un commerce assez considérable dans les marchés hebdomadaires de Blangy, Foucarmont et Gamaches, où le beurre, les volailles, les œufs, les fruits et les légumes, la poterie, la bimbeloterie et quelques étoffes concourent régulièrement à alimenter les transactions.

Le houblon, dont la plus grande partie s'exporte dans le nord de la France, se cultive encore, quoique moins abondamment qu'autrefois, à Foucarmont, à Villers, et surtout à Aubermesnil.

Les brasseries de bière de Foucarmont et de Blangy sont renommées. Ce sont les lieux d'approvisionnement de la contrée.

Les autres industries sont la fabrication du verre à gobelets et à bouteilles, qui s'exerce au Courval, au Val-d'Aulnoy, à Romesnil, à Rétonval, à la Grande-Vallée et à Varimpré, et qui livre de grandes quantités de ses produits estimés à la consommation du département ; la tannerie et la corroyerie, autrefois très florissantes à Blangy (1), ainsi que les diverses industries spéciales dont j'ai parlé dans le cours de ce volume.

Les cantons forestiers possèdent quelques charbonnages, et des ateliers pour la confection des sabots et des bois à galoches.

Enfin, dans les vallées, la fabrication du beurre occupe assidûment la partie féminine de la population rurale. Il est peu de ménages, même des moins favorisés, qui ne puissent trouver chaque semaine, dans les produits de cette fabrication, dans l'élève de quelque bétail et dans la vente des volatiles et des œufs qu'une ménagère économe a réussi à multiplier, le moyen de renouveler sans bourse délier, au marché voisin, les provisions hebdomadaires.

Au point de vue de l'*administration religieuse*, le canton possède, sous la direction du doyennat de Blangy,

(1) Le *Dictionnaire universel du Commerce*, de des Brulons, édition de 1748, tome 1, page 112, constate qu'il y avait alors, à Blangy, sur la Bresle, cinquante tanneries, dont les produits s'expédiaient, pour la plupart, à Paris.

Il y avait aussi, à cette époque, un moulin, dit *de Hollande*, du nom d'un hollandais qui l'avait établi, et qui servait au dégraissage des draps fabriqués à Abbeville.

quinze succursales, un vicariat, deux chapelles communales titulaires. Il n'y a eu, depuis 1823, qu'un accroissement de une succursale et une chapelle communale.

Les monuments religieux, qu'il n'entre pas dans mon cadre de rappeler avec détail ici, consistent en seize églises et trois chapelles. Les lecteurs de cette revue sommaire me sauront gré de les renvoyer, pour l'histoire et la description de ces édifices, dont plusieurs offrent de l'intérêt, au remarquable ouvrage de M. l'abbé Decorde, curé de Bures, membre de la Commission des antiquités du département (1).

Quant à l'*instruction publique* qui, dans ces derniers temps, a si heureusement répandu dans toutes les parties du pays les bonnes méthodes d'enseignement et la surveillance de l'éducation élémentaire et morale, le canton de Blangy possède 32 écoles, savoir :

22 Écoles de garçons, fréquentées par 894 élèves,

Et 10 écoles de filles, qui reçoivent 986 élèves.

On le voit, la contrée que nous traversons en ce moment comme à vol d'oiseau, a sa grande part dans les éléments de prospérité, de confiance et de progrès que le département de la Seine-Inférieure revendique avec une juste fierté, et qui lui assurent l'un des premiers rangs.

Dans cette voie féconde, où le travail s'associe à l'in-

(1) *Essai historique et archéologique sur le canton de Blangy*, 1 vol. in-8°. Neufchâtel, 1850.

struction pour moraliser les hommes sous l'égide suprême des principes religieux, les populations du canton de Blangy, aux goûts simples, aux mœurs hospitalières, aux habitudes laborieuses et paisibles, ne sauraient manquer de concourir de plus en plus à cette simultanéité d'efforts vers un sage progrès, qui fait le bien-être et la gloire d'un pays.

Les membres du Conseil d'arrondissement pour le canton de Blangy sont :

MM. Archambault de Milleville, cultivateur à Nesle-Normandeuse,

Et Massé, propriétaire à Hodeng-au-Bosc.

Le représentant du même canton au Conseil général est M. A. Gorgeu de Girancourt, maître de verrerie et maire des Essarts-Varimpré.

Son représentant au Corps législatif est M. P.-A. de Corneille, maire de Maucomble, député de l'arrondissement de Neufchâtel.

CONCLUSION.

Quelque soin que j'aie mis à rassembler tous les documents relatifs à l'histoire et à la situation présente de la ville intéressante dont j'ai voulu peindre la physionomie ; quelque scrupule que j'aie apporté dans le choix des renseignements puisés pour cet effet à un grand nombre de sources, en élaguant consciencieusement tout ce qui, dans la tradition ou l'interprétation, pouvait donner lieu à contredit, je ne me dissimule pas, en relisant cet Essai, les lacunes et les défectuosités qu'il présente : les unes sont l'effet du temps qui a détruit ou dispersé les traces authentiques, ou de l'impossibilité dans laquelle je me suis trouvé de poursuivre plus loin et plus laborieusement mes recherches, quoique j'aie mis à contribution l'obligeance de plusieurs de mes honorables compatriotes (1); les autres (j'entends les défauts de l'œuvre) n'ont sans doute pas une aussi bonne excuse, et il faudra que mes lecteurs veuillent bien, sous ce rapport, m'en fournir une, en la puisant dans les ressources les plus gracieuses de leur bienveillance; ils m'encourageront ainsi à mieux faire, si, dans l'avenir, plus libre ou mieux inspiré, la pensée me vient d'améliorer mon travail.

Du reste, que celui-ci réussisse ou non, il aura eu pour moi cet avantage de montrer, aux yeux des habitants de ma chère vallée, combien j'étais désireux de leur plaire et de m'associer au juste orgueil de leurs souvenirs, puisque je n'ai pas hésité à entreprendre cette tâche avec la crainte de ne la point remplir d'une manière assez satisfaisante.

Et puis, le dirai-je? cette œuvre m'a procuré un autre avantage qu'apprécieront bien tous ceux qui, retenus loin du sol natal par d'impérieuses circonstances, lui donnent encore chaque jour leurs meilleurs souvenirs, leurs plus vives aspirations. A chaque page que j'écrivais sur Blangy, il me semblait voir surgir en réalité devant moi les paysages, les hommes et les choses dont ma pensée patriotique a toujours aimé à s'entourer; je revoyais les amis de l'enfance; je comptais les amitiés de l'âge mûr, et chaque tableau ébauché par ma plume

(1) Je suis heureux d'avoir cette occasion d'adresser mes remerciments affectueux à MM. l'abbé Decorde, curé de Bures; Maurice de Bommy, et Buquet père, greffier de la justice-de-paix, à Blangy.

avait le privilége bienfaisant de me replacer un moment dans la plénitude de ces joies écoulées, de ces espérances fidèles.

Puissent mes compatriotes me tenir compte de ces dispositions, pour eux toutes sympathiques, en accueillant cette notice avec l'hospitalité du cœur.

LISTE

DES

Personnes qui ont bien voulu souscrire à cet Ouvrage.

A

MM.

ADMONT, meunier, à Blangy.

ALLARD, ancien notaire, à Rouen.

ARNAUDTIZON ✻, Inspecteur départemental de l'Assistance, à Rouen.

AUGER-HARDY (J.), marchand de bois, à Réalcamp.

B

BACHELIER (Edouard), fabricant, à Blangy.

BAILLY (Jean-Baptiste), limonadier, à Foucarmont.

BALLIN, directeur du Mont-de-Piété, membre de l'Académie, à Rouen.

BARBET (Henry) C ✻, président du Conseil général, à Rouen.

BARBIER (l'abbé), curé de Réalcamp.

MM.

BAROCHE fils, percepteur-surnuméraire, à Neufchâtel.

BARRE, architecte, membre de la Société d'Emulation du Commerce et de l'Industrie, à Rouen.

BARRÉ, cultivateur, maire de Rieux.

BAUDOULT D'HAUTEFEUILLE, juge-de-paix, à Blangy.

BAZIN, instituteur à Nesle-Normandeuse.

BEAUFILS, garde forestier retraité, à Rieux.

BEAUFILS (Mme), née De Lérue, à Rieux.

BEAUFILS-COUSIN (Mme), marchande de nouveautés, à Blangy.

BEAUFOUR (E.), employé à la Préfecture, à Rouen.

BEAURAIN-BOULNOIS, marchand de bois, à Blangy.

BEAUREPAIRE (DE ROBILLARD DE), archiviste en chef du département, membre de l'Académie, à Rouen.

BECQUET, marchand de bois, à Blangy.

BECQUET (J.-B.), marchand de bois, à Rieux.

BERTHE (Victorien), maçon, à Aubermesnil.

BEZUEL (Henri), conseiller de Préfecture, à Rouen

BIDARD, membre du Conseil central de salubrité et de plusieurs Sociétés savantes, à Rouen.

BIHET, chaufournier, à Rieux.

BIZET, curé de Saint-Pierre-lès-Elbeuf.

BLANGY (la Ville de).

BLONDEAU-HERSENT, épicier-droguiste, à Rouen.

BOMMY (DE), adjoint au maire de Blangy.

BOMMY (DE), docteur-médecin, à Neufchâtel.

BOMMY (Maurice DE), rentier, à Blangy.

BORAIN (Edouard), cordonnier, à Blangy.

MM.

BOTTENTUIT, employé à la Préfecture, à Rouen.

BOUCHER, cafetier, à Réalcamp.

BOULARD-CAYEUX, marchand épicier, à Blangy.

BOULARD (A.), employé de commerce, à Rouen.

BOULLENGER, huissier, à Blangy.

BOULLENGER, manufacturier, maire de Saint-Léger-du-Bourg-Denis.

BOURDON (Mathieu) ✻, président de la Chambre consultative d'Elbeuf, correspondant de l'Académie de Rouen et de la Société d'Emulation du Commerce et de l'Industrie de la même ville.

BOUTIGNY, percepteur des contributions directes, à Belbeuf.

BOUTIGNY fils, percepteur surnuméraire à la Recette générale, à Rouen.

BOUTRY (Narcisse), maire de Nesle-Normandeuse.

BRAYARD, chef de bureau à la Préfecture, à Rouen.

BRÉVILLE DU PARC (DE), avoué, à Rouen.

BRIET (Antoine), à Blangy.

BROSSARD D'ALBAN (Mme Ve DE), débitante de tabac, à Blangy.

BROSSARD (DE), maire de Montchaux.

BROSSARD DE RESSENBOY (Amédée DE), propriétaire, à Amiens.

BUÉE (Adrien), rentier, aux Hayons.

BUNOT (Louis), cultivateur à Varimpré.

BUQUET père, greffier de la justice de paix, à Blangy.

BUQUET (Aimé), à Blangy.

C

MM.

Cagé, vétérinaire, à Blangy.

Cailly (Mlle), aux Dames du Saint-Sacrement, à Rouen.

Canappe, chef de bureau à la Préfecture, à Rouen.

Caqueray de Bézu (de), propriétaire, à Bouttencourt.

Caron père, propriétaire, à Réalcamp.

Caron fils, propriétaire, à Réalcamp.

Carpentier, percepteur, à Blangy.

Cartier, préposé au placement des enfants assistés, à Auffay.

Cayeux père, jardinier-pépiniériste, à Blangy.

Cayeux (V.), jardinier-pépiniériste, à Rouen.

Chapelle, sous-chef de bureau à la Préfecture, à Rouen.

Charlier (Mme Ve), propriétaire, à Rouen.

Cheveraux, membre de plusieurs Sociétés savantes, à Bosc-Mesnil.

Chivé, négociant, à Paris.

Choiselat (Arthur), percepteur surnuméraire, à Rouen.

Chouville, employé au bureau des enfants assistés, à Rouen.

Cléret-Rodez (Amédée), épicier, receveur-buraliste, à Blangy.

Cochet (l'abbé) ✱, inspecteur des monuments historiques, membre de l'Académie, à Rouen.

Cocuelle, cordonnier, à Blangy.

Colas (l'abbé), chanoine honoraire et chapelain de la Communauté des Saints-Anges, à Rouen.

MM.

COSSART, arpenteur-géomètre, à Bazinval.

COSTARD-MÉZERAY (Ch.), compositeur de musique, chef d'orchestre du Grand-Théâtre, à Bordeaux.

COURTIN (Mme Ve), propriétaire, à Blangy.

COURTIN-MARGRY (Mme Ve), propriétaire, à Blangy.

COURTIN aîné, propriétaire et cultivateur, conseiller municipal, à Blangy.

COURTIN (Marie), propriétaire et cultivateur, à Blangy.

COURTIN (Narcisse), propriétaire et cultivatr, à Blangy.

COUSSIN (Désiré), propriétaire, conseiller municipal, à Blangy.

COUSSIN (Arsène), à Paris.

CRÉPIN, tonnelier et cafetier, à Rieux.

CROIZÉ, chef de bureau retraité à la Préfecture, à Rouen.

CROSNIER ✻, doyen du Conseil de préfecture, à Rouen.

CURMER O ✻, membre du Conseil général, à Rouen.

CUVELLIER (Henri), fabricant de savons, à Canteleu.

D

DAILLIER-GOSSELIN, propriétaire, conseiller municipal, à Blangy.

DALLONGEVILLE (Désiré), cultivateur, à Ménonval.

DANZEL-HÉBERT, banquier, à Blangy.

DAVRANCHE, propriétaire, membre du Conseil général, à Rouen.

DEBAS, sabotier, à Rieux.

MM.

De Booz C ✻, colonel d'artillerie retraité, membre du Conseil d'arrondissement, à Servaville.

Deboutteville ✻, directeur de l'asile de Saint-Yon, à Rouen.

Decorde (l'abbé), membre de la Commission des antiquités, curé de Bures.

Décosse-Paillard, marchand de vins, à Blangy.

Delacampagne (Alfred), propriétaire, à Pierrecourt.

Delacampagne (César), propriétaire, conseiller municipal, à Blangy.

Delacampagne (Désiré), propriétaire, à Blangy.

Delamarre, receveur des Domaines, à Rouen.

Delarue, avocat-agréé, à Rouen.

Delarue, sabotier, à Bazinval.

Delattre (Emile), pâtissier, à Blangy,

De Lérue (Remi), rentier, à Paris.

Delcourt (A.), chef de division à la Préfecture, à Rouen.

Denis, percepteur des Contributions, à Sassetot-le-Mauconduit.

Depeaux (F.), membre de la Chambre de commerce et de la Société d'Emulation du commerce et de l'industrie, à Rouen.

Desbois, docteur-médecin, à Rouen.

Desbulleux père, propriétaire et cultivateur, à Aubermesnil.

Des Croix (P.), propriétaire, à Réalcamp.

Desgardin, maître de pension, à Blangy.

Desgardin, facteur, à la Grande-Vallée.

MM.

Deshayes, préposé au placement des enfants assistés, à Duclair.

Desloyer, secrétaire de l'Inspection forestière, à Blangy.

Desvéches (Victor), mercier, à Blangy.

Dieusy (Jules), chef de division à la Préfecture, à Rouen.

Dieusy (Alfred), caissier de la Caisse d'épargne, à Rouen.

Dolique (Adolphe), cultivateur, à Bazinval.

Douillon, propriétaire, à Rouen.

Droussent (Vincent), horloger, à Blangy.

Droussent (Narcisse), horloger, à Blangy.

Dubos (l'abbé), curé de Rieux.

Dubos, huissier, à Gamaches.

Dubos (Alfred), clerc de notaire, à Blangy.

Dubos (Ferdinand), cafetier, à Blangy.

Dubus, coutelier, à Blangy.

Duclos, docteur-médecin, membre de l'Académie, à Rouen.

Ducôté ✻, conseiller de Préfecture, à Blangy.

Ducrocq, instituteur à Réalcamp.

Dufeuilly (Eloi), rentier, à Aubermesnil.

Dugenet neveu, négociant, à Rouen.

Dulin, propriétaire, à Foucarmont.

Dumesnil, docteur-médecin, directeur de l'Asile de Quatre-Mares, membre de l'Académie, à Rouen.

Dunogent, cafetier, à Blangy.

Duponchel (Louis), à Nesle-Normandeuse.

MM.

Dupré (Henri), propriétaire, ancien instituteur, à Réalcamp.

Dupré (Antoine), ménager, à Bazinval.

Duquesne (Stanislas), propriétaire, à Blangy.

Durand ✱, conseiller de Préfecture, à Rouen.

Dutuit (Eug.), membre du Conseil d'arrondissement et de l'Académie, à Rouen.

Duval, négociant associé, à Rouen.

F

Farcy père, propriétaire, à Rieux.

Feuilloy, président du Tribunal de commerce d'Amiens.

Fleury, cultivateur, à Pierrecourt.

Flutre, boulanger, à Blangy.

Focard ✱, capitaine de cavalerie retraité, à Blangy.

Forbras (l'abbé) ✱, chanoine honoraire, curé de Saint-Vivien, à Rouen.

Fortin (D[lle] Damiens), institutrice, à Blangy.

Fournier aîné, propriétaire, à Blangy.

François (Modeste), voiturier, à Blangy.

Fréchon-Daillier, fabricant de savons, conseiller municipal, à Blangy.

Frère (E.), archiviste de la Chambre de commerce, membre de l'Académie, à Rouen.

Fréret (O.), architecte, à Rouen.

Fruitier (Etienne), propriétaire et cultivateur, à Aubermesnil.

G

MM.

GANDON (Marie), meunier, à Montchaux-Soreng.

GARNIER, chef de bureau à la Préfecture, à Rouen.

GAUGER (E.), employé à la Préfecture, à Rouen.

GELÉE (l'abbé), prêtre habitué, ancien vicaire de Blangy.

GENOT, directeur de l'Octroi, membre de la Société d'Emulation, à Rouen.

GENTE (Auguste), cultivateur, à Rieux.

GIRANCOURT (A. DE), maître de verrerie, membre du Conseil général, aux Essarts-Varimpré.

GLANVILLE (DE), agriculteur, membre de l'Académie, à Rouen.

GOUBERT (A.), cultivateur, à Réalcamp.

GROMARD (DE), propriétaire, à Eu.

GROMARD (Arthur DE), propriétaire, président de la Société philharmonique, à Eu.

GROMARD (Ernest DE), propriétaire, à Bosrocourt (Eu).

GUERARD, marchand de nouveautés, à Blangy.

GUIBÉ (Mme Vve), rentière, à Rouen.

GUILLOUX, sous-inspecteur départemental de l'assistance, à Rouen.

H

HARDY (H.), propriétaire, à Réalcamp.

HARDY-DELABIGNE, filateur, à Séry.

HÉBERT-FOLLIN, propriétaire, conseiller municipal, à Blangy.

MM.

Hébert-Richebraque, tanneur, à Blangy.

Hébert (Abel), à Eu.

Hiesse, limonadier, à Blangy.

Hodé, économe à l'Asile de Quatre-Mares.

Houard, cultivateur, à Rieux.

Hubert, maire de Blangy.

J

Jean (Alphonse), sculpteur, à Rouen.

Joly, percepteur surnuméraire à la Recette générale, à Rouen.

Josse, notaire, à Bouttencourt.

Justin, conseiller à la Cour impériale, à Rouen.

L

Lame père, propriétaire, à Maromme.

Lame fils, avocat, propriétaire, à Bondeville.

Lamotte (Louis), serrurier, à Blangy.

Lasnel père, suppléant du juge-de-paix, conseiller municipal, à Blangy.

Lasnel (Éd[d]), pharmacien, à Blangy.

Lasnel (Adolphe), marchand de nouveautés, à Blangy.

Lasnier, instituteur, à Pierrecourt.

Lassire, sous-chef au secrétariat des Hospices, à Rouen.

Lebarbier (Émile), chef de bureau à la Mairie, à Rouen.

Lebon (Narcisse), maréyeur, à Blangy.

MM.

Lebreton, brasseur, à Blangy.

Leclercq, instituteur, à Longueville.

Lecocq, boulanger, à Blangy.

Lecœur (l'abbé), curé de Sainte-Agathe-d'Aliermont.

Lecomte (Pre-Augin), propriétaire, à Dancourt.

Lefan (Alexandre), verrier, aux Essarts-Varimpré.

Le Fèvre (Ernest), propriétaire, à Rouen.

Leforestier (Jos.), marchand de vins, à Rouen.

Lefort, avocat, président de la Société libre d'Emulation du Commerce et de l'Industrie, à Rouen.

Lefort-Bélet, marchand épicier, à Blangy.

Lefranc, secrétaire de la mairie du Tréport.

Leger (Désiré), instituteur, à Bazinval.

Legras-Croutelle, marchand de fer, conseiller municipal, à Blangy.

Legros (Ch.), chef de bureau à la Préfecture, à Rouen.

Lejeune, limonadier, à Blangy.

Lemaire-Décosse, secrétaire de la Mairie, à Blangy.

Lephay (Félix), à Blangy.

Leport, docteur-médecin, oculiste, à Rouen.

Lequesne O ✻, chef de bataillon de la garde nationale, à Rouen.

Leron, appariteur, à Blangy.

Letailleur, libraire, à Blangy.

Le Vaillant d'Amonville, propriétaire, à Eu.

Le Vaillant de la Fieffe, ancien notaire à Blangy, membre de l'Association normande, à Rouen.

MM.

Le Vaillant de Plémont (Henri), propriétaire, à Eu.

Levasseur, notaire, conseiller municipal, à Blangy.

Levasseur (Doris), cultivateur, à Aubermesnil.

Levillain, avocat, ancien juge-de-paix, à Blangy.

Loraille (Alain Chartier, marquis de), propriétaire, compositeur de musique, à Rouen.

Loyer (Lucien), maire du Houlme.

M

Mansard (Jules), charron, à Blangy.

Marchant (E.), pharmacien, correspondant de l'Académie de Rouen, à Fécamp.

Marguerite (A.), employé à la Préfecture, à Rouen.

Margry (Frédéric), propriétaire, conseiller municipal, à Blangy.

Marie, chef du bureau des Enfants assistés, à Rouen.

Maupas, secrétaire en chef des Hospices, à Rouen.

Mempiot, instituteur, à Rieux.

Mempiot, instituteur, à Eu.

Merlier, propriétaire, à Rieux.

Merlin (Amand), propriétaire et cultivateur, à Blangy.

Merlin (Zéphir), propriétaire et cultivateur, à Blangy.

Michel (Joachim), littérateur, à Fécamp.

Milvac, employé à la Préfecture, à Rouen.

Moinet, instituteur, à Aubermesnil.

Moitrelle, pharmacien, à Blangy.

Monnier, propriétaire, à Blangy.

MM.

MONTIER, chef de division à la Préfecture, à Rouen.

MOREL, médecin en chef de l'Asile de Saint-Yon, membre de l'Académie, à Rouen.

MOREL, ancien secrétaire de Sous-Préfecture, à Rouen.

MORGAN (Mme Vve DE), propriétaire, à Blangy.

MOTTE, instituteur, à Valmont.

MOULIN (Félix), cultivateur, à Rieux.

N

NAINE (Arsène), serrurier, à Rieux.

NÉEL (Gustave), propriétaire, à la Saussaye.

NOURTIER (Antoine), maréchal, à Blangy.

P

PAPIN, maire du Tréport.

PAPIN (Alfred), employé à la Préfecture, à Rouen.

PARIS (Noël), cultivateur, à Bazinval.

PARIS (Aimable), cultivateur, à Bazinval.

PARIS (Hilaire), cultivateur, à Bazinval.

PATERELLE (Mme Vve), née DE BOMMY, propriétaire, à Eu.

PAYENNEVILLE (Auguste), clerc de notaire, à Blangy.

PEBEYRE (Ch. DE), secrétaire général de la Préfecture, à Rouen.

PÉRON, imprimeur, membre du Conseil des Prud'hommes, et secrétaire de plusieurs Sociétés savantes, à Rouen.

MM.

Petit (V.), propriétaire, maire de Réalcamp.

Pichard, fabricant de sabots, adjoint au maire de Rieux

Piette (l'abbé), vicaire à Saint-Vivien, à Rouen.

Podevin (l'abbé), aumônier des prisons, à Rouen.

Polard (Pre-Antne), cultivateur, à Bazinval.

Pollet père, cultivateur, à Pierrecourt.

Pouchin (E.), employé à la Préfecture, à Rouen.

Prémard (de), propriétaire, à Eu.

Q

Queneuille, adjoint au maire de Pierrecourt.

Queneuille (J.-B.), marchand de bois, à Bazinval.

Quesney (P.), avocat, à Rouen.

R

Rasset père, suppléant du juge-de-paix, à Saint-Saëns.

Rasset fils, maire de Montérollier.

Renard (Dlle Alphonsine), rentière, à Blangy.

Renaud, chef de bureau à la Préfecture, à Rouen.

Richard-Legrand, perruquier, à Blangy.

Richebraque (Noël), tanneur, à Blangy.

Richebraque (Amand), tanneur, à Blangy.

Richer, économe de l'Asile de Saint-Yon, à Rouen.

Robard (Victor), cultivateur, à Bazinval.

Rohaut (Alexandre), propriétaire, à Foucarmont.

Rollet (Clément), propriétaire, à Pierrecourt.

S

MM.

SAINTARAILLE, receveur des Domaines, à Blangy.
SAIRAISON (Eug.), peintre-vitrier, à Blangy.
SAIRAISON (Théophile), maréchal, à Varimpré.
SAVREUX, cultivateur, à Rieux.
SAVREUX (Ch.), cultivateur, à Aubermesnil.
SELLIER, maire de Bazinval.
SELLIER, propriétaire, adjoint au maire de Réalcamp.
SEMERVILLE (DE MAUDUIT DE), capitaine de port, à Rouen.
SEMICHON, avocat, membre du Conseil général, correspondant de l'Académie de Rouen, à Neufchâtel.
SOULLEZ (T.), cafetier, à Réalcamp.

T

TALBOT (l'abbé), curé doyen de Blangy.
THIESSÉ, avocat, attaché à la Préfecture, à Rouen.
TIRVERT, instituteur, à Blangy.
TIGER père, jardinier-pépiniériste, à Blangy.
TOURNEUR père, propriétaire, à Saint-Léger-aux-Bois.
TOUSSAINT, avocat, conseiller municipal, au Havre.
TRÉHET, propriétaire et meunier, à Sainte-Beuve-Epinay.
TROLARD (Mme) née DE LÉRUE, à Rouen.

V

VAUCQUIER DU TRAVERSAIN, avocat, membre du Conseil municipal, à Rouen.

MM.

Vaussard, sous-chef de bureau à la Préfecture, à Rouen.

Verdrel (Pierre-Isidore), cultivateur, aux Essarts-Varimpré.

Vigneron, banquier, à Blangy.

Vigneron (Achille), marchand de vins, à Foucarmont.

Vincent, propriétaire, à Réalcamp.

Vy (Alfred), docteur en médecine, à Elbeuf.

W

Warral (Henri), directeur de la scierie mécanique de Blangy.

Wilhorgne, avocat, littérateur, à Buchy.

Y

Yon, commandant de la garde municipale, à Rouen.

TABLE DES MATIÈRES.

12.

www.ingramcontent.com/pod-product-compliance
Ingram Content Group UK Ltd.
Pitfield, Milton Keynes, MK11 3LW, UK
UKHW012031240726
13965UKWH00002B/709